国家破産ベネズエラ突撃取材

National bankruptcy
Venezuela
Candid interview

——1000万%のハイパーインフレ

浅井隆

第二海援隊

プロローグ

年率一〇〇〇万%のハイパーインフレ

ちょっと未来の話である。おそらく今から六年後に前兆が現われ、本当にすさまじいヤツは今から一〇年ちょっと過ぎた、二〇三〇年頃に日本に襲来することだろう。

そのすさまじいヤツとは、「国家破産」のことである。

現在、日本から一万キロメートル以上離れた地球の反対側、カリブ海に面した南米のベネズエラという国では、年率一〇〇〇万%のハイパーインフレが国中を荒れ狂い、国家破産というどう猛な怪物が国民の財産を食い尽くしている。

スーパーマーケットにはまったく食べ物がなく、人々は物々交換でなんとかその日の食いぶちを手に入れている。子供たちはまともに着る物もなく、裸同然でゴミ捨て場で腐った食べ物をあさって、腐乱した肉を食べて疫病などでどんどん死んでいる。

国連が内情を見かねて「人道支援」したいと申し出たら、ベネズエラの政権側が「うちの国にそのような状況は存在しないので、来ないでくれ」と断ったため、子供たちは何の援助もないままどんどん野垂れ死んでいる。

三十数年前、この国は南米一の先進国で首都カラカスには高層ビルが立ち並び、地下鉄も何本も走っていた。石油が豊富に出るということで南米一豊かな生活を謳歌し、ヨーロッパ人もその豊かで国民性も良いお国柄に憧れて移住して来るほどだった。

ところがその後、様々な経緯を経て国が破産し、ハイパーインフレ、食糧不足、産業の崩壊、治安の悪化という四重苦に悩むようになり、三〇〇〇万人いた人口のうち一割に当たる三〇〇万人が海外に逃亡（しかも、一番優秀なエンジニアなど）するという事態となった。

したがって、世界一の原油埋蔵量があるというのにまともなエンジニアがいないため、石油を掘ることもできない。ついに、この国にいては死んでしまうと意を決した人々が隣国コロンビアを目指して民族大移動し始めたが、コロン

ないでこのようにやせ細り、死を待つだけの子供がたくさんいる。
供救済募金」の情報があるので参考にしていただきたい）。

食べ物もなく学校にも行けない子供たちの中には、親からも養育され
ぜひ、こうした子供たちに手を差し延べたい（巻末に「ベネズエラ子

ビア側が軍隊を国境に出したために行き場を失い、地獄絵図が繰り広げられている。しかも、情報封鎖されているため全貌は見えてこない。

混迷のベネズエラ情勢を取材

今回、意を決してベネズエラ突撃取材を敢行しようとしたが、結論からいうとベネズエラに入国しての取材はできなかった。事の顛末はこうだ。

二〇一八年九月にベネズエラの惨状を知り、取材と子供たちの救済をかねてぜひ行ってみようと決めた。そして情報収集を重ね、治安が極度に悪いということを知らされた。首都カラカスには食べ物もほとんどないため、人々は生き残るために人間の理性や道徳をかなぐり捨てて何でもするという。言ってみれば、仏教で言う餓鬼道である。まさに修羅場と言ってよい。

強盗、殺人、誘拐は当たり前。ピストルが一般に出回っているため、住宅街の夜は危険きわまりなく、狙われたらひとたまりもないという。五～六人の武装した集団の男たちに侵入されたら、もうお終いだ。

しかし、私は治安が悪いことなどなんとかなると思い、現地の警備員（元特殊部隊）を二〜三名雇ってでも行こうとした。

ところが、さらに悪いニュースが入ってきた。得体の知れない疫病が国中に蔓延しているという。しかし、元々私は免疫力はある方だし、薬も十分に持って行けばなんとかなるだろうと、この段階でも行く気に変わりはなかった。

だが、最終的にどうしてもベネズエラ入国をあきらめざるを得ない状況が出てきた。というのは、このベネズエラという国は北朝鮮を上回るような狂気の独裁国で、現在のニコラス・マドゥロ大統領率いる政権側は、政権中枢の百数十人を守るためなら国民二七〇〇万人が全員死んでもかまわないという考えで、反対派を押さえ込むために国中に秘密警察と密偵を置き、外国人でも取材にやってきて国にとって不都合なことを暴こうものなら、連行してブタ箱にブチ込むというのだ。そして、そこには食糧が一切なく、一週間で死ぬという。これはいくらなんでもたまったものではない。まさに犬死にである。目的も果た

る男性。ハイパーインフレと国家の経済政策の失敗により、

あまりのひもじさから、思わずゴミ置き場から食べカスを拾って食べ
スーパーへ行ってもほとんど食べ物がない。まさに生き地獄だ。

せずにただ餓死というのは、いくら何でも意味がない。

先ほどの治安の問題にしても、現地の武装警備員を雇ったとしてもその中に内通者がいて、強盗団に「こいつら日本から来て、カネを持っているぞ。一緒に襲ってしまおう」ということがよくあるという。

そこで、最終的にベネズエラ入国を断念し、代わりに①以前破産し、また破産しそうなアルゼンチンへまず行って取材し、②次にベネズエラから距離的にも近く、また国家同士も仲が良いキューバも訪れて、そこへベネズエラから人を呼んで直接取材をし、さらに③日本から直接ベネズエラ在住のジャーナリストにお金を払って、写真や情報を手に入れる、というやり方をとることにした。

どういう形にせよ、私はベネズエラの惨状を世界に伝えるべきだと思った。その理由は、ひょっとするとその惨状は日本の未来かもしれない（多分そうだと私自身は確信しているが）ということ。これは他人事ではなく、日本はアベノミクスの結果、今や世界一の政府の借金を抱え、返すアテすらない。一〇年後に同じ運命をたどったとしても何の不思議もない。つまり、教訓を私たちは得られるかもしれないと考えたためだ。もう一つの理由は、ベネズエラでひどい目に遭っている子供たちに何かできないかと真剣に考えたのだ。

私は、何事につけ簡単にはあきらめないタチなので、今回のベネズエラ取材は前述のような形で敢行し、その結果を本書にまとめた。

いずれにせよ、政府の借金ということで言えば日本は世界最悪であり、GDPの二四〇%に達している。これは太平洋戦争に負けた時よりもひどい数字で、いつか国民生活にとんでもない災難が降りかかってくるだろう。

その時期は、おそらく二〇三〇年頃だろうか。私たちに残された時間は、それほど多くはない。そのことを心して、ベネズエラの状況を教訓として正しい情報を元に生き残り、明るい未来を切り開こうではないか。

二〇一九年三月吉日

浅井　隆

国家破産ベネズエラ突撃取材――目次

第二章　原油埋蔵量世界一のベネズエラはなぜ国家破産したのか

第七章　ベネズエラは一〇年後の日本――生き残りの道

エピローグ

※写真は、浅井隆本人および第二海援隊現地特派員の計五人が撮影したものである(©第二海援隊)。
※取材協力：小谷孝子、エリザベス・オストス(取材班)、クリストファーソン・サモーラ、レオノール・ガブリエラ・ロケット・アギラール、「CheFuKo」(一般社団法人世界の子供たちのために)、樺沢暢之

レオノール・ガブリエラ・
ロケット・アギラール氏

エリザベス・オストス氏

第一章

私が三八年間住んだベネズエラから帰国せざるを得なかった理由

■ベネズエラ在住日本人手記——小谷孝子

幸せだったことに気付かなかった日々

もし、神様がこの世で一番美しい国を作ったとしたら、それはベネズエラだったのかもしれない。様々な色姿をした熱帯魚やサンゴの宝庫の透き通るカリブ海、雪を被るアンデス山脈、世界最古のギアナ高地、雄大な自然に恵まれた常夏の気候、空を舞う色とりどりの鳥や咲き誇る熱帯の花、甘いアロマの南国果物や新鮮な魚が取れて、そこにはおおらかでいつも笑顔の絶えない人懐っこい人々が住む、天国のような国——。

しかし、それゆえ創造の神は幸せのみならず試練も与えたのではないかと、今言われている。大混乱が二〇年近くも続く、世界でももっとも危険な国の一つであるベネズエラに三八年住んだが、命の危険の圧迫感に耐え切れず二〇一六年春、一時帰国した。

小谷孝子（こだに　たかこ）

福井県生まれ。金襴短期大学英文科卒業後、伊藤忠商事、万博テーマ館勤務後カリフォルニアへ語学留学し、ベネズエラ人と結婚。1977年ベネズエラ・首都カラカスに移り、40歳から本格的に絵の勉強を始める。日本をはじめ南米、米国、ヨーロッパ各地で個展やグループ展で作品を発表。在ベネズエラ・日本大使館主催の日本文化週間（2003～2013）にて個展。又1988年ベネズエラ折紙協会を創立、8年間会長を務め、さらに日本語教師として両国間の文化普及に力を注いできた。2006年日本国外務大臣より表彰授与。2016年国情悪化のため帰国。
https://www.takakokodani.com/press/

帰国後、早や三年が経った今、このまま平和な日本に居残りたいという気持ちが心の隅を占領し始めている。娘が母親に対し時に冷たいのは、私が第二の祖国になった国を捨てたという思いがあり、父親を置いてけぼりにしたというわだかまりがあるからだろう。娘のことは後ろ髪をひかれる思いだったが、食物、薬がなくて病気になっても死ぬしかない国では生きて行けない。親にもらった命、物や金のためにそう簡単に殺されてたまるものか。生き残れ！――そんな思いで日本へ戻ってきた。

ベネズエラの薔薇に魅せられて

サッカーの応援団の女の子たちが両手に持って振る細紐のボンボンのようで、大きさはバレーボールほど。よく見ると、何百ものオレンジ系の赤い花びらで成り立っていて、その各花に四・五センチメートルの細長い黄色いめしべが付いている。両手でそおーっと抱えないと、さかさまになどしたらさらさらと花びらがこぼれ落ちてしまう。そして普通の花のようには咲かず、二、三月になると木の枝の分かれた部分や幹に小さな蕾《つぼみ》を付け始める。日ごとにどんどん膨らんで行き、五、六日経つと野球ボールぐらいの大きさに成長して、少しずつピンクがかった赤い花びらが開いてくる。

するとは日が昇る頃、リスが蜜を吸いにやって来て、まるで赤いカーペットを敷きしめたように、花びらだけを地面に残して行く。だから花が咲きそうになると、リスの家族が来る前にパジャマのまま庭に飛んで行き、花の下部に両手を添えてゆっくりと回し、もぎ取る。水を差した底の浅い器に飾っておくと、三日間女王になった気分で楽しめる。でも、四日目には茶色い塊のように萎びて、見る影もなくなってしまう。

この花を初めて見たのは、大統領官邸を見学した時だった。絢爛豪華な装飾が施された応接間、客用寝室、庭園などを拝見し、案内された大広間の細長い晩餐テーブルに、間隔を置いて活けられていた。花の名前を聞くと「山の薔薇」、または「ベネズエラの薔薇」だという。咲く場所と種類によって違うらしいが、私は「ベネズエラの薔薇」という名前が気に入っている。

何年か過ぎ、近くを散歩している時だった。垣根越しの大きな木の根元に赤い大きなものが二、三ぶら下がっている。何だろうとよく見ると、忘れもしないあの花だった。無我夢中でその家のベルを押し、花を見せてもらえないだろうかと頼んだ。その後もケーキやクッキーを焼いては持って行き、その家の家人と仲良くなって、とうとう苗木をもらうことに成功した。

それが今では大木になって、毎年二、三〇の大きな赤い花を付ける。花が終わると二〇センチメートルほどの長い緑色の鞘《さや》が育ち、やがて茶色になり硬い四角い種を五、六個落とす。ほとんど根付くことがなかったが、何度もトライした結果、やっと一〇本ほどの根付けに成功し、特別な友に分けたり、カラカス日本人学校にも三鉢寄贈した。花が咲いたら呼んで下さい、と頼んである。私がこの世を去った後も見事な花を付けて、日本からやって来る子供たちや先生方を楽しませると思うと愉快だ。

花の時期に、お祝いや見舞事があるとこの花を差し上げるのだが、ベネズエ

ベネズエラの薔薇。日本ではほとんど見ることはない。

ラ人でさえこの花を知っている人はほとんどおらず、皆、仰天してその話で持ちきりになる。この花が、ベネズエラの大変な時代に私がこの国に残り留まっていた理由の一つだった、と言っても過言ではない。

ベネズエラ、苦悩の時代

生きるための基本である食料品や薬が手に入らず、病気になっても医者にもかかれず、強盗に襲われ誘拐され、殺されても殺され損の国で生きて行くことはできない。ましてや人間としての人権を拒否され、平和と自由が脅かされる時、人の親として、どうして黙っておられるものか、外国人であるからと沈黙することはできない。

そんな思いから私も今まで多くのデモに参加したが、「戻ってこなかったら、ベネズエラのために死んだと思ってくれ」という言葉を母親に残し、発砲弾に倒れた若者、偶然通りかかっただけで連行され、拷問を受けた青年、脱いだシャツで頭をしばり、上半身裸でスクラムを組みデモ隊の先頭を行くまだ幼さの残る学生たちという、自分の生まれた国を守る覚悟を決めた若者たちのその真剣なまなざしを、私は忘れることができない。

もし、自分の子なら私は黙って送り出しただろうか。おそらく、無事戻ってくれと祈る外はなかったに違いない。〝聞け、わだつみの声〟にある最後の便りを残した特攻隊の若者たちのように、自国の平和のために純粋な命を捧げた少年たち。彼らを涙で見送った日本の母親たちと同じ思いを今、ベネズエラの母たちもしている。

「世界の旗の日」という、ベネズエラに住む外国人や戦後ヨーロッパから自由や仕事を求め移民して来た人やその子孫が、各国の旗を掲げ集まる日がある。大使館からのメールには、いつも「デモに近寄らないように」とあり迷ったが、どこに住んでいてもその国の平和と自由のために声をあげるべきだと、行く決心をした。

知り合いの日本人にも集まってくれるよう声をかけ、白いシーツを裂いて絵

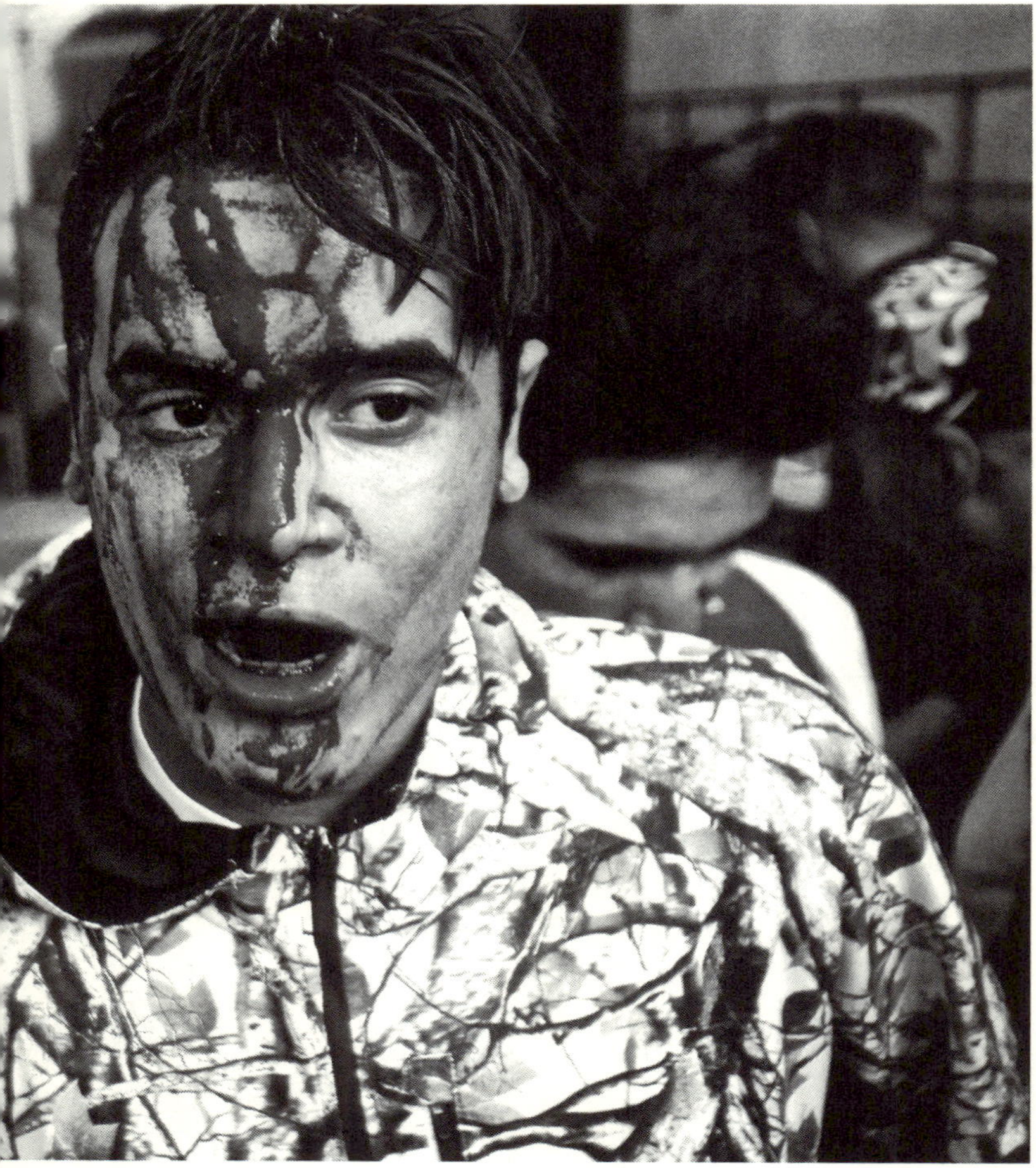

数万人もの市民が集まった2019年1月末のカラカスのデモにて。

兵士に殴られ血だらけになってでも国の将来のためにデモを続ける若者。

銃を構えて突撃して来る兵士。これを撮影したカメラマンも狙われ、まさに命を落とす寸前だった。

首都カラカスにて

ついに人々は立ち上がった。政府の圧政に対して抗議行動を起こす若者ら。

の具で赤丸を描き、夫が裏山から切りだした細い竹にホッチキスで止めて、即席の日の丸を作った。

集まった二〇人近くの日本人と共に旗を掲げアルタミラ広場に到着すると、すでに各国の旗を持って駆け付けた人たちが集合しており、日本までが応援に来てくれたと喜び抱きしめてくれた。皆、日の丸を持って歩くという経験が初めてのことで、とても感動していた。

私はベネズエラ人ではないので、大統領選には投票できない。と言って自分の住む国の運命を決める大統領罷免選挙に、家で腕を組んでいるわけにはいかない。魔法瓶に日本茶を入れ、投票場で列を組んでいる人たちに配った。ただ配ったのではない。投票は秘密だから自分の意見を言えないので、首から〝Toma TéSito〟と書いた紙をぶら下げ、Toma（どうぞ）、Tecito（少しのお茶）、〝お茶をどうぞ、罷免選挙にどうか同意して下さい〟と、Ci と Si を掛けて（Si=Yes）と暗黙に促した。

ベネズエラ人の夫

男という動物は、なぜちやほやされると調子に乗って、見合わないことでも引き受けようとするのだろうか。夫が、市会議員選挙に出馬すると言い出した。頼まれると、物理的、経済的能力も考えず引き受ける。地元の会合で専門の都市計画、環境保護、建築設計について意見を問われると、嬉々として図面をひき、役に立つことを喜んだ。実現する可能性があるのならいいが、何をしてもすべてがダメになる国では、時間の無駄だった。しないよりは良いのだろうが、結果は火を見るより明らかで、それまで数えきれないほど幻滅感を味わっていた私は、協力する気力さえも失っていた。

しかし自分の国の再建のため、希望と夢で燃えていた夫は立候補を決心した。止めても聞かない。仕方なく私もあちこち歩いてビラを配り、投票を頼んで回った。投票結果は四位で惜敗ということだったが、正確な票数は結局わからずじまいだった。

夫は政府に反対はしていたが、チャベスが大統領に当選すると夫は政府の仕事が増えると読み違え事務所を拡大し投資を重ねたが、何をしてもうまく行かず焦り始めた。

二〇〇四年、夫は大統領罷免選挙にサインした。しかし、その署名リストが政府の手にわたってからは四方八方から囲まれ、やること成すことすべて潰され、仕事が一切入らなくなった。もがけばもがくほど締め付けられる網の中にいたのである。完了した仕事の代金も支払ってもらえず、逆に不遂行と起訴されたこともある。玄関に貼られた、裁判所からの出頭命令を見た時の驚愕といったら！「役人が来るかもしれないので、しばらく外で時間を潰せ」という夫の命令。スーパーの中をうろうろした時の動揺と情けなさ。訴訟されたことが新聞に載っていると知人から知らされた時の驚き……。

すべてが、お金を巻き上げようという訴訟相手の陰謀だと後で知ったが、最初は理由がわからず、弁護士を付けたり事務所にさらに出資したりした。一〇年近く踏ん張ったが、結局事務所を畳まざるを得なかった。

ラテン人は今日を楽しく生きるという気持ちが大きいのだろうか、はたまた熱帯の風土に育った気質だろうか。人にもよるが、日本やアメリカのように子供の教育、将来のために貯蓄するという考えがあまりない。私の夫も、お金が入れば外食や旅行に使う人だった。私は貯金通帳にゼロがいくつもないと安心できないが、夫はモノを買うことが投資であり財産であるという考えで、いつもそれがけんかのタネになった。

私の絵が少しづつ売れるようになると、夫は喜んで、それワインだ、レストランだと祝ってくれた。今、私の住む日本のある町の漁師も昔、宵越しの金は持たぬと酒を飲んだと聞いたが、同じ感覚だったのだろう。仕事が上手く行かず、自信をなくしてその気持ちとは裏腹に恰好を付けていたのかもしれない。一言、「もうダメだ、助けてくれ」と言ってくれれば、胸を叩いて「私に任せておけ」と言ったのに……。

しかし、じわじわと悪化する国情に不安になって、絵が売れると夫には黙って米ドルに換え貯金し始めた。それが今、私の生活を支えている。

しかし、当時は私も親の遺産をもらって、いい気になっていたのだろう。夫婦そろって経済に疎く、土地を買い、残った金は現地のお金に換えていたので大損をした。傾き始めた夫の会社を救おうと、請われるまま援助してきたが、共倒れになる寸前のところで気が付いた。夫を助けよう、信じようと自分に言い聞かせて現実を見て見ない振りをし気を張って生きてきたが、とうとう私の中で何かがプツンと切れてしまった。

夫は優しい人で、とても良い父親だった。しかし、家族に良い暮らしをさせようと、目先のことに気を取られて肝心の舵を取り損ねてしまった。なんとか夫婦の危機を乗り切ろうと、心理療法にも通ってもみたが、話は聞いてもらっても結局は自分が解決する外ないと気が付いた。

年を取ると子供に戻るというが、何十年も一緒に暮らしていても根本が違い差が開いて行くのは、仕方がなかったのだろう。長いベネズエラでの混乱の生活に押し潰され、精神的に追い詰められ、くたくたになっていたのかもしれない。もういい、日本へ帰ろうと思った。行き着くところまできて、やっと決心がついた。でも、実はそこからが大変で、帰国が実現するまでさらに何年も待たなければならなかった。

若い頃は、どこの国の食べ物にしろ文化習慣にしろ、ごく自然に受け止めてこられたが、人生の三分の二をアメリカとベネズエラに住み、今、四五年ぶりに生まれた国で生活しはじめ、再び日本人に戻りつつある時、言葉、四季、文化習慣、食べ物すべてが自分を育ててきたのだと再認識している。

ベネズエラ人の日常

冷蔵庫が空っぽだ。スーパーへ行くとものすごい行列。やっとの思いで中に入っても棚はガラガラ、欲しい物は何もない。慌てて他のスーパーへ飛んで行っても、同じかもっとひどい。洗濯をしようとすると水が出ない。洗濯石鹸が手に入らないと固形石鹸を削って使う。水があっても、停電だと冷水でシャワーを浴びることになる。何か作ろうと思っても、消費期限のとっくに切れたパスタが半分しかないし、おまけにプロパンが切れている。ガス会社に毎日のように電話しても、何ヵ月も持ってこない。道でプロパンを積んだトラックを見かけるたびに追いかけるが、カラだと言う。おまけに、法外な金を出さなければ回してもらえない。しかたなく、腹をすかしたまま寝てしまう――そんな生活を想像できるだろうか。今、ベネズエラ人は毎日そうやって生きている。

二〇一四年頃から食料品や洗剤やシャンプー、トイレットペーパーなどが姿を消し始めた。何かおかしいと気が付いて、その時必要でなくても購入する癖が付いた。でも、食料品はあまり買い置きができないので、どうしても並ばなければならない。身分証明書の番号で、政府が値段を抑えている基礎食品（粉、米、パスタ、砂糖、ミルクなど）を買える日が決まっている。早朝から並ぶ人のビニール袋の中身を見て何が手に入りそうか見当を付け、必要なら並び、そうでなければ他のスーパーまで走る。自分の番が来ても手に入らないことを承知で長蛇の列に並ぶのだ。目の前でなくなったこともあるし、前の人が制限以

深刻な物不足で商品がほとんどない商店。

上を手にした砂糖や米をとがめられ、悔しそうに手放したのをありがたく頂戴したこともある。

ウンベルトがスーパーで見た話

「小麦粉がある！」と電話で知らされ、庭師のウンベルトはスーパーへ走った。最後の二袋を中年女性が掴んでいた。一人当たり二袋だから、それはいい。そこへ、一足遅く来た若い女が「一つ分けて欲しい」と頼んだ。中年女が断ると、若い女は粉を奪い袋を引き破り、「自分もないけどお前もない！」と叫び小麦粉を相手にぶっかけた。頭から真っ白になった中年女性は「見てくれ」とでも言うように、そのまま平然と支払いの列に並んだ。

スーパーの棚に何か並べられると皆、必死で走って行く。そして、ものすごい取り合いが始まる。粉ミルクを掴んだ時、後ろから来た人に床になぎ倒され、ハイヒールで踏み潰された若い女性をウンベルトは救った。

食糧を求めてさまよう人々。１ヵ月の年金で買えるのはたった１キロの肉…。高齢者も配給される食糧を求めて長い列に並ぶ。

近所で起きた強盗・殺人事件

〝何でも運搬屋〟の痩せた男前の中年男・ミゲルは、やさしくて話好きな人で、小型トラックで時々家具や大きな絵を運んでもらった。学歴はなかったが、政治や経済、社会によく通じていた。アメリカに入国できないと言っていたから、若い頃思想的に目を付けられていたのかもしれない。放送会社で働いていた娘が金持ちに見初められ結婚しマイアミに住んでいて、「玉の輿に乗った」と自慢していた。自宅を改良してキオスクを営み、新聞やお菓子などを売っていたが、数年前店に強盗が押し入り、抵抗した彼はピストルで撃たれ殺された。

さらに、ミゲルの家のすぐそばの新築に越して来た家族が四人組に襲われ、妻と幼い娘が夫と息子の目の前で強姦された。散歩しながらその家の前を通った時、楽しそうに子供と遊ぶ家族を何度も見たことがあった。逃げるようにアメリカへ行ってしまったその家族は今、どんな思いで生きているのだろう。

すぐ近くの屋敷で一人住まいをしていた老歯医者は、夜中押し入った強盗に殺された。私も、前妻や息子たちを知っていたので信じられなかった。つい先日も、同じ町内に住む老人が娘の住むイギリスへ移住するため、明け渡す家をきれいにしようとペンキ塗りを頼んだ男に襲われ殺されたと、ラジオで報道していた。ウンベルトの親戚の息子は、バイクを奪われて銃で撃たれた。一人息子を殺された母親は、悲しみのあまり自殺した。

このようなことは毎日起きていて、有名人や金持ちでもなければニュースにもならず、新聞にも載らない。

少し前、七九歳の女性が自宅で死体で発見されたと新聞で報じていた。彼女は私といつも一緒にプールで泳いでいた人だ。息子はベネズエラで初めてオリンピックで銅メダルを取った有名な水泳選手で、スポーツキャスターとしても人気者だった。いつも息子の自慢話をしていたが、それが仇になって雇った庭師に金欲しさのため殺されたという。

今までほとんどなかったことだが、この数年、同じ町内に住む人の被害が増えている。夜中に強盗に入られて、猿ぐつわをはめられたまま一晩明かした隣人家族。金目の物を車ごとすべて持って行かれ、恐ろしさのあまり数ヵ月自宅に戻って来なかった家族。家族に会いに外国から帰国した日に襲われ、パスポートや現金一切を取られた知人など、挙げたらきりがない。

知り合いのお手伝いさんは政府にとても批判的だったが、大勢の子を抱え亭主に捨てられると、食糧を配布する政府側に寝返った。笑顔で機関銃を抱えている写真をネットで見た時は、目を疑った。食糧や医薬品をもらうにも政府の電子カードが必要で、政府支持者を優遇すると批判されているが、子供がひもじい思いをしたり、慢性病やガン患者の家族が生きるか死ぬかというなら、私も同じことをしたかもしれない。だから、彼女を責めることはできない。

日本でも終戦直後、電話ボックスの中で上等な着物を着た母親と子供が飢え死にした、という話を昔読んだことがある。あとで花束を供えるぐらいなら、なぜその時誰も助けなかったのかと世間を厳しく批評していた。また母親については、物乞いをしてでも子供と生きていくのが本当の母親であろうと。戦後、闇の食糧を拒んで餓死したという日本の裁判官の記事もあったが、そんな人は今、いるのだろうか。

ベネズエラでも知りあいのホテル主は、客がいなくなって経営が行き詰まり自ら命を絶ってしまったし、難病にかかり薬がなくて絶望のあまり、家族を道連れにした人もいる。また、窮地に追い込まれ生き延びるため飢えた動物のようになった人もたくさん見てきた。

私自身は、今まで運が良かったというのかコソ泥に入られたり、スリに財布や携帯を盗まれた以外は、あまり恐ろしい思いをしたことがない。犬もいるし庭師が離れに住んでいるので、家に入りにくいのは確かだ。

だからと言って安心はできない。高台にあるわが家は石垣で囲ってあるが、登ろうと思えば私でも登れる。外見を壊すのが嫌でずっと拒否してきたが、とうとう金網の柵に有刺鉄線を張り巡らした。それでもまだ怖くて、さらに高圧電流の流れる鉄線を取り付けた。お金がそういうことばかりに出ていく。そして、一人の時は部屋の内側から鍵をかけ、常に携帯を傍に仕事をし、夜は二階

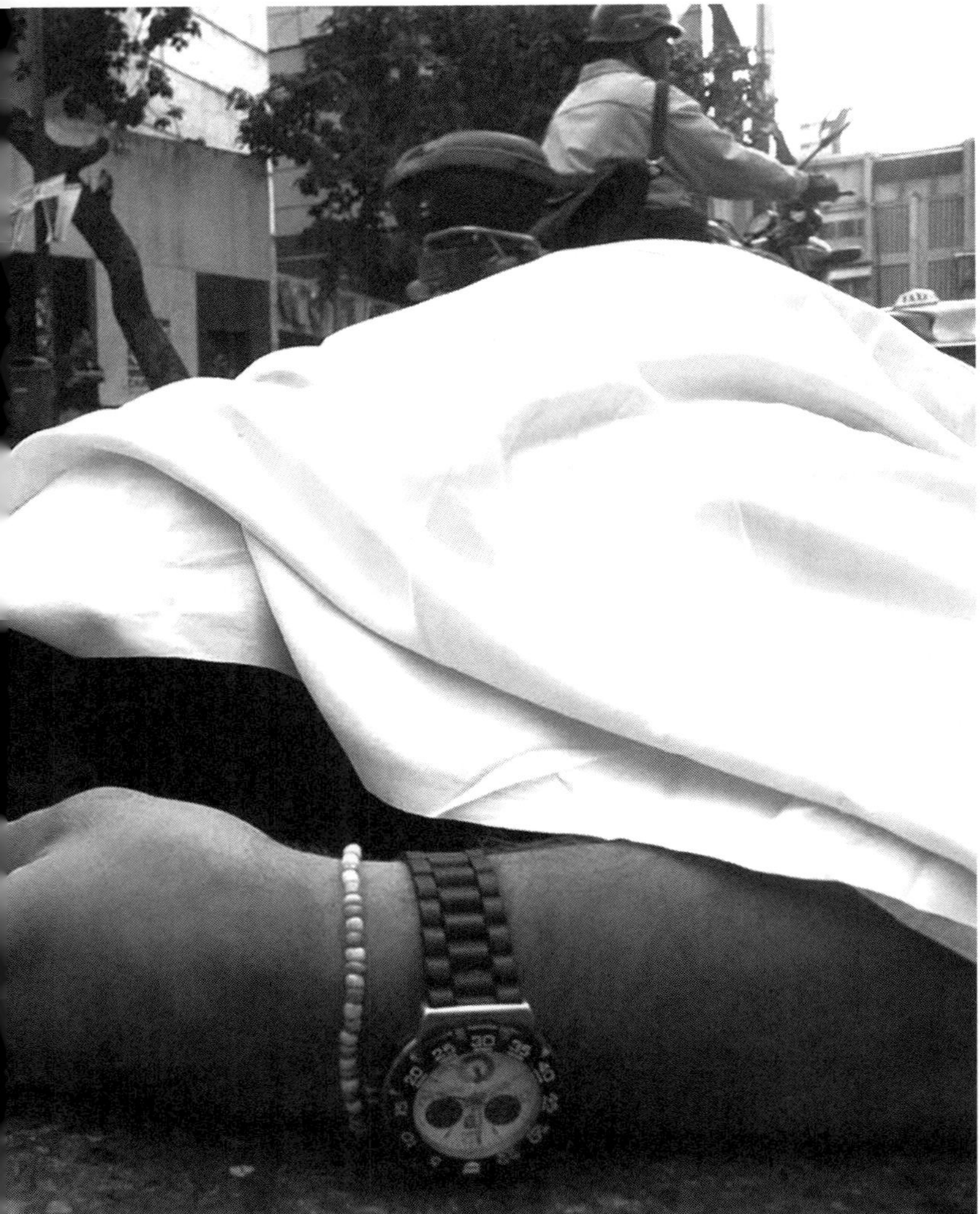

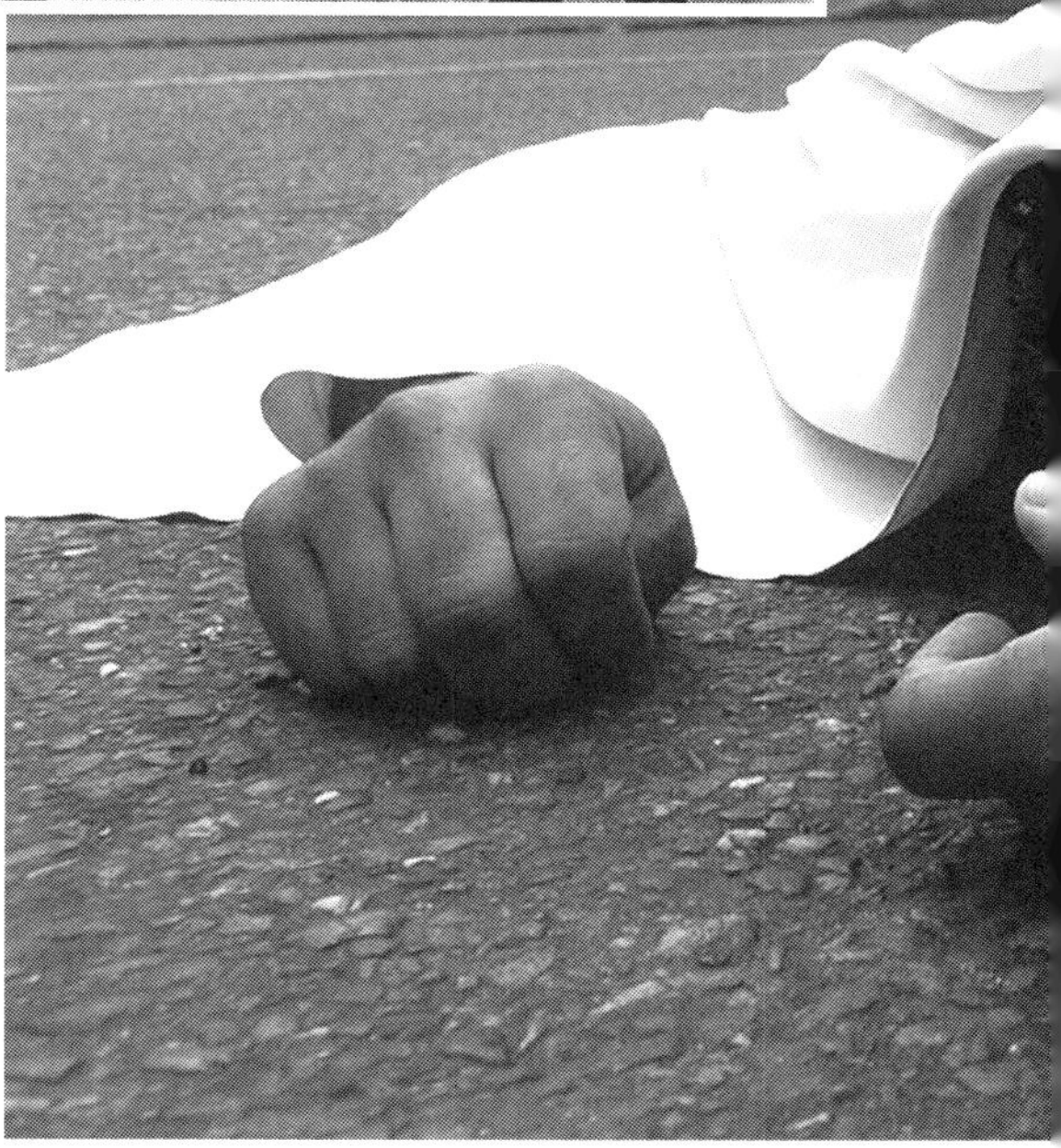

あまりにも治安が悪く殺人、強盗は当たり前。しかしほとんどの場合、人々は警察を呼ばない。なぜなら警察が家の中の物を持って行く（即席強盗に早変わりする）ので何の意味もないのだ。殺され損の国・ベネズエラ。

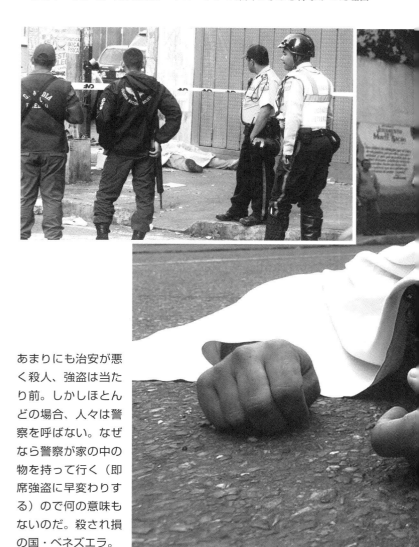

の寝室の鉄の扉に二重の鍵を掛けて寝た。

じわじわと真綿で首を絞められて行くような日々

上から爆弾は降って来ない。だから、ベネズエラで起きていることは戦争ではない。反政府デモに参加せず、公に政府を批判しなければ、口を塞いで頭を垂れてさえいれば、目を付けられない。強盗や泥棒や流れ弾に当たって殺されることはあるが、今や、世界中どこにいてもいつ殺されるかわからない時代だ。しかし、生きるための最低条件の食物、飲料水、薬がない、まして頻繁に停電、断水するということは、石器時代に戻れということか。

インフラやメンテナンスが整ってなく、電気や水、ガス、ガソリン不足、インターネットが世界一遅く、ほとんど繋がらない日が多いのは、国民の目を政治からそらすためだ。このナルコ（麻薬密輸）マフィア政府の意図は、わかっている。悪知恵だけは実に長けている、悪魔の集団に乗っ取られた国。皆、頭ではわかってはいても、毎日の生活に押し潰されて生き延びることに必死で、目の前のことに心を奪われ、何のために闘っているのか根本に潜んでいる深い理由をいつの間にか忘れてしまう。厳しい寒さに鍛え抜かれた北欧や、長い虐げられた歴史をＤＮＡに刷り込まれた東洋人のしたたかさや粘り強さは持たず、まあいいかとつい人を許してしまう、寛容な、またはいい加減なラテン人の気質なのかもしれない。

いつの世も、強者（権力、金を持つ者）だけが生き残ることができる過酷な人類の歴史だが、この時代に巡り生まれた赤ん坊や子供たちに何の罪があろう。人の親として、わが子に最低限のミルクや食事、薬さえ与えられないほど情けないことがあるだろうか。紙おむつどころか、お尻を洗う水さえほとんど出ないのだ。

あるベネズエラの金持ち夫婦は、マイアミへ行き一年分の赤ん坊の品物を買い込んで来た。しかし、金持ちではない九〇％以上の貧困の人たちはどうしろというのか。今でも、ベネズエラの社交クラブや高級レストランは客で一杯だ

生きるためには、何でもするしかない。

今日の収穫物はどのくらいか。それに親子の命がかかっている。

学校にも行けずに、生きるためにゴミをあさるしかない少年。

人々が寝静まった頃、食べられる物をゴミの中から必死に探し出す家族。

という。どこからあつらえるのだろうか、豪華な料理がふんだんに出てくるらしい。どんな時代でも、金さえあればなんでも手に入る。しかし、そこで働いているコック、給仕、清掃人、お抱え運転手、駐車場の番人たちが家へ帰れば冷蔵庫は空っぽで、お腹を空かした子供が父親や母親が何か持って帰ってくれたかと、寝ずに待っているという生活をしているはずなのだ。

九〇年代初め、国内旅行より安いというだけでキューバへ家族旅行したことがあった。初めて行く共産国。カストロやチェ・ゲバラの名前は知ってはいたが、なにも理解していなかった。到着した空港の売店に、トイレの便座や殺虫剤までが並べて売っていたのが不可解だった。ホテルのトイレットペーパーが三分の一しかなく、もっと欲しいと頼んだところ、ずいぶん待たせた後でまた三分の一だけ持ってきた。

外国人専用のスーパーに人が群がっていたので、好奇心で入ってみたら輸入品で溢れていた。もちろん日本やアメリカ、ベネズエラの大きなスーパーを見てきた目には、特に珍しい光景ではなかった。しかし、そこへやって来たヨーロッパ人らしい人が「久しぶりに、こんなに（たくさんの）物を見るなあ」と嬉しそうに話していた。その時は意味を理解できなかったが、道で手に皿を持った老人や主婦や子供が並んでいるので、好奇心で後に付いて行くと、配給の食事を黙って受け取っていた。

するとˎ遠くから私たちを監視していたらしい男が近寄って来て、「どこから来た？　どこへ行く？」と根掘り葉掘り聞いてきた。不愉快になって適当にごまかしたが、たぶん政府のまわし者で外国人をチェックしていたのだろう。

昔は高級住宅街だったらしいさびれた町を歩くと、長らくほったらかしのままの状態で窓も桟も崩れかけ、ペンキも剥げ、草ぼうぼうの家には、夜になると裸電球が一つ薄暗く灯っていた。

ハバナのホテルの食事は、食べ放題で豪華だった。しかし、一歩外に出るとみすぼらしい恰好の人たちが周りをうろつき、骨と皮だけの青白い少年が食べ物をせがんできた。しかしレストランは厳しく監視され、料理を持ち出すことは禁止されていた。ロビーで黙々と窓や床を拭いていた掃除人は、皆大学出

命をつなげばよいのか途方にくれる母親。

赤ちゃんのミルクだけはなんとか入手できたが、明日からどうやって

だった。物珍しそうにあたりをほっつき歩く身勝手な外国人旅行者を、どんな思いで見ていたのだろうか。

帰りの飛行機を待つ空港で、アメリカから来て帰国の途にある家族が、現地に住むキューバ人の老夫婦と感極まった様子で目を真っ赤にして嗚咽し、長い長い間抱き合っていた光景が今でも目の奥に焼き付いている。

哀しい目で黙って私たちを見つめていたキューバ人と同じ思いを、二度と会えないかもしれないと知りながら再会を固く約束して空港で家族と別れを告げていた人々と同じ思いを、今多くのベネズエラ人がしている。

平常時なら助かる人が、ベネズエラでは毎日たくさん死んでいる

蚊が媒介するデング熱、チクングニア熱、マラリア、それにポリオ、ジフテリア、結核などは、今やお金と設備が整っていれば予防できる病気だ。この夏、油断していたら手足を蚊に刺されて真っ赤になり、慌てて市販の虫よけを買っ

た。それをベネズエラの友人に見せたら、ぜひ欲しいという。でも、郵送しても届かないし、国際宅配便は高過ぎる。

タイヤなどのメンテナンスができていないバスや車に乗り、漏れた油が流れ出た高速道路でスリップしたり、そんな車の後ろを走って巻き添えを食っても殺された数には入らない。そもそも交通事故の数など、もう統計など取っていないだろう。

病人や老人が薬さえあれば助かるものを、痛みに泣き叫び苦痛に身をよじらせ、赤ん坊や子供が空腹で泣き声さえ出なくて死んで行くのを、医者や家族はなすすべもなく見ている外ないのだ。繰り返し直面する患者の死に耐え切れず、自殺した医師の記事も新聞で読んだ。

これを世界中が見て見ぬ振りをしている、二一世紀の沈黙のホロコーストだ。

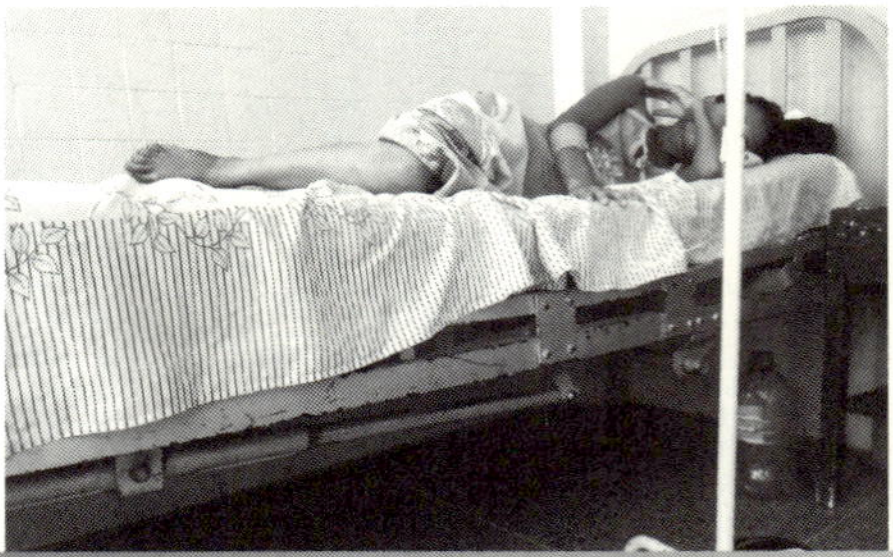

何も処置できないために
放置される患者。

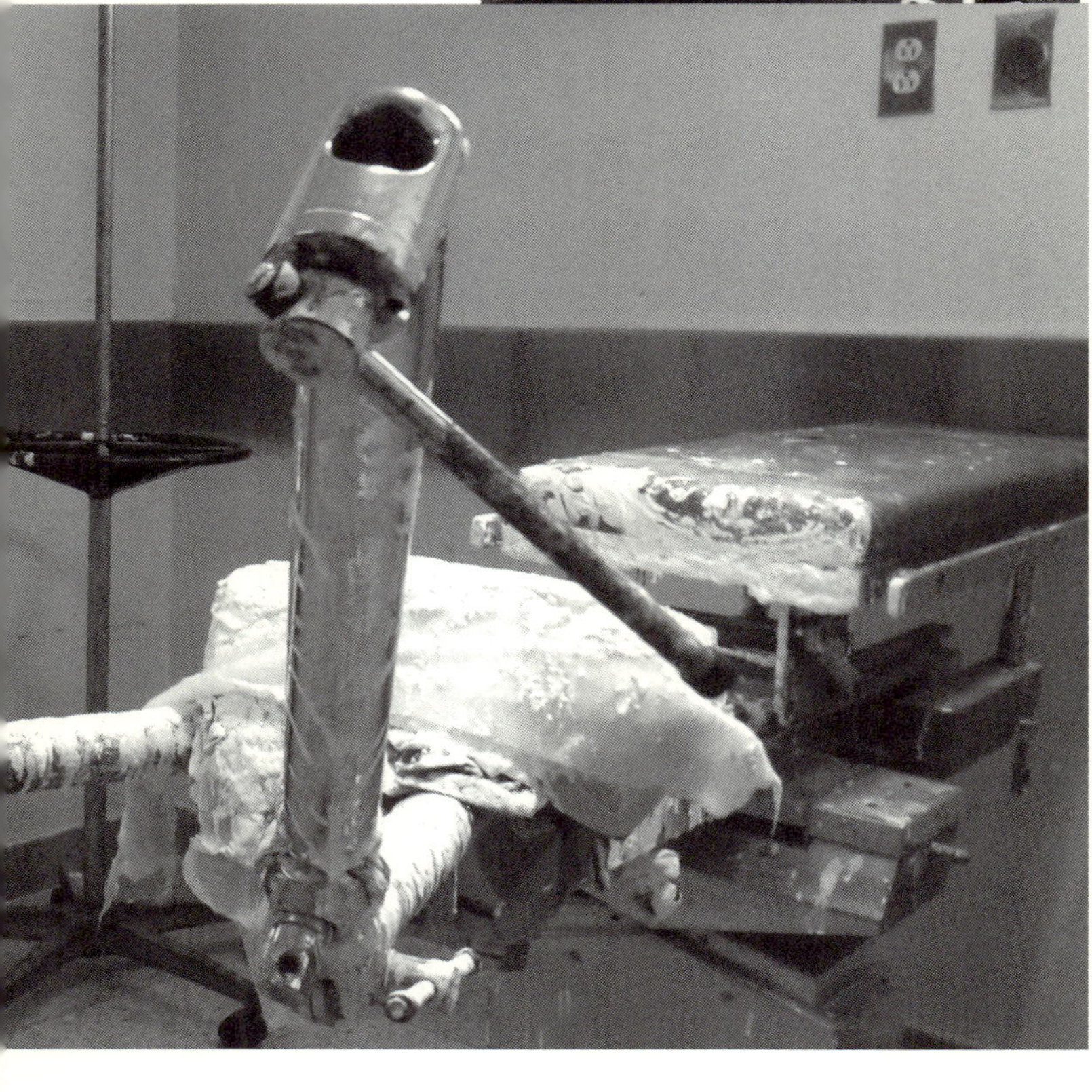

電気もほとんど点かない暗闇の病院。

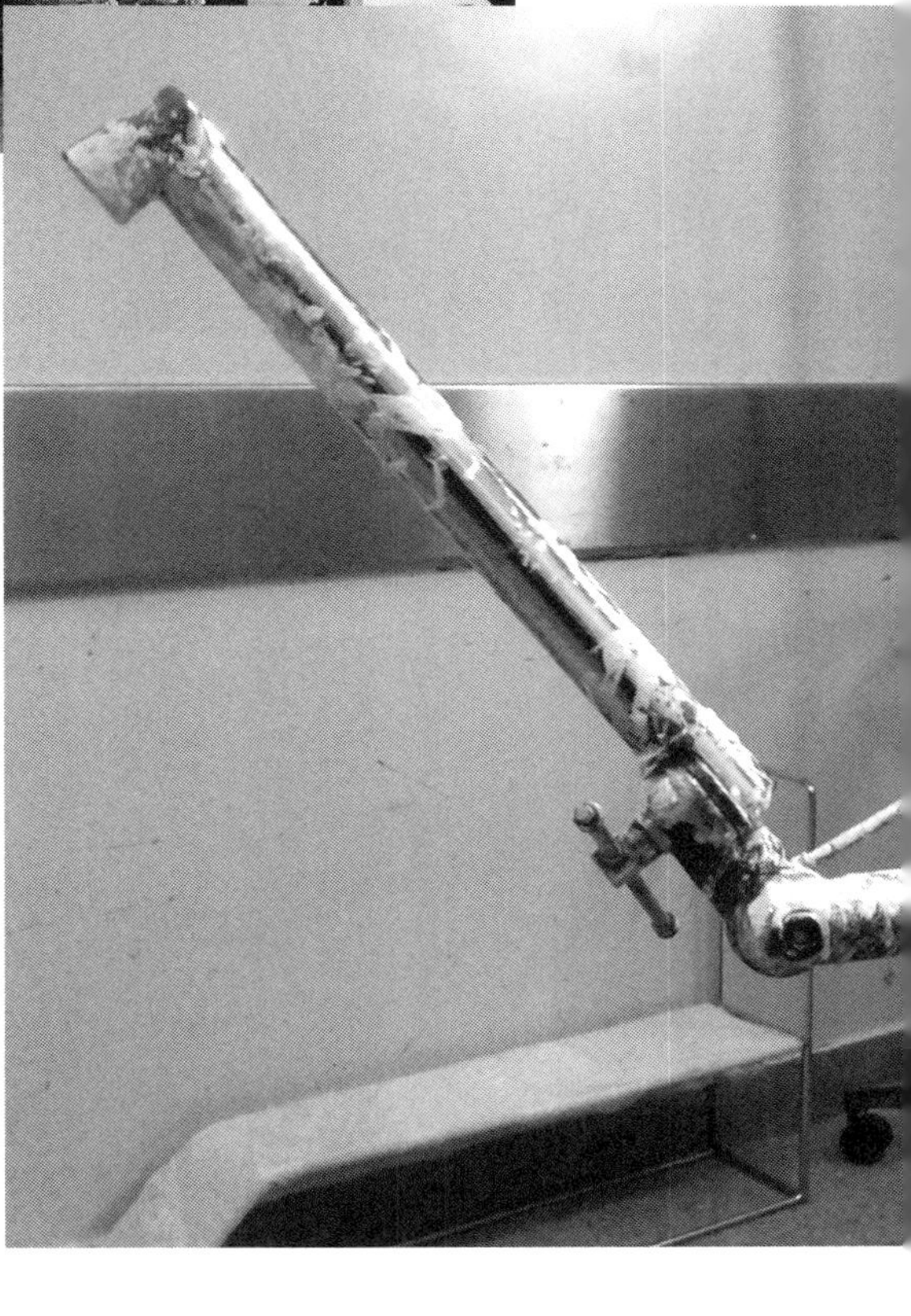

病院にはなにもない。無惨な姿をさらす手術室。

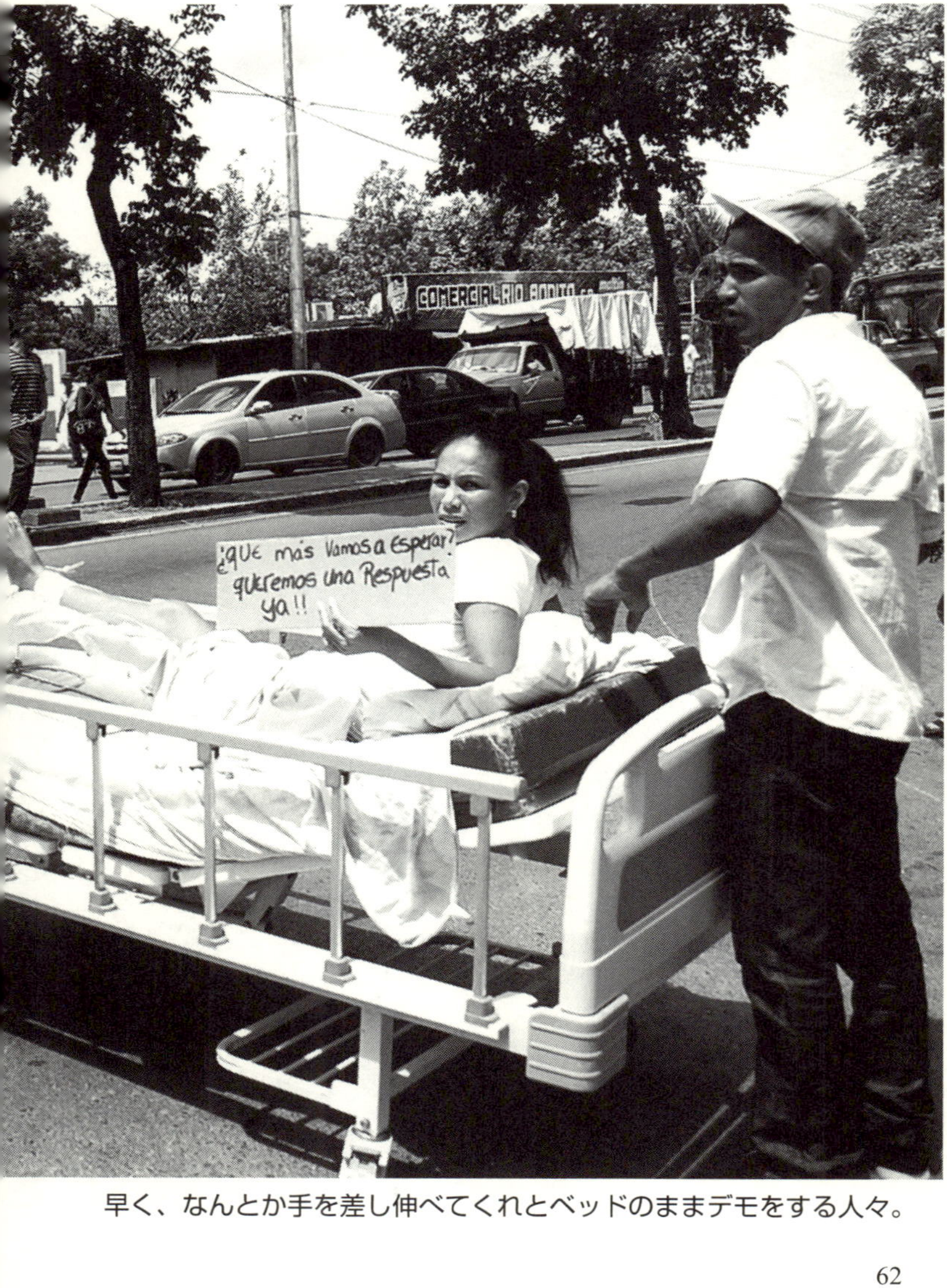

早く、なんとか手を差し伸べてくれとベッドのままデモをする人々。

病院に入っても、何の治療も受けられないまま
寝ているだけの老人。

今、ベネズエラの国民が心から望むこと

ベネズエラにはこんな諺がある。「卵を全部同じ籠に入れるな」と。一つ壊れたら、他の卵もきっと壊れてしまうから、大切な物は分けて保管しろ、という意味だ。

だが、こんなことになるなんて想像もしなかったから、家も土地もすべてベネズエラに投資してきた。年を取って働けなくなったら、家を売るか貸せば生活できると思いこんでいた。

今、家も土地も売りたくても売れない。誰もがベネズエラから逃げようとしているため、売家ばかりで、万が一買い手が付いたとしても足元を見られ二束三文にしかならない。もし、米ドルで支払う買い手が現れたとしたら、それは政府関係者か甘い汁を吸っている人に違いないし、売買が成立しても銀行やどこかで目を付けられ、誘拐や殺人につながるケースが多い。

広場で運動を教えていた私の娘が、ユニホーム姿の警察官に職務質問を受けた。大衆を先導した罪で書類送検すると脅かされたが、仲間と練習していただけだと答え、なんとかその場を切り抜け帰宅した。金欲しさの偽警官だったようだが、後で知って心臓が飛び出しそうになった。

大半の国民の期待をかけて実施された大統領罷免選挙（二〇一五年一一月）の結果を最高裁判所が無効にした時、娘も将来の希望を失い、とうとう国を後にした。

今、多くの若者が、父親が、家族を連れて、または一人で、言葉も習慣も違う国で慣れない仕事をして国に残る家族に送金をしている。生まれ育った国を後にするのは、最後の手段である。しかし国内には仕事がまったくないので、第二次世界大戦後自由と経済安定を求めてベネズエラにやって来たヨーロッパ人の子孫が、今逆戻りをしている。親も手塩にかけた娘や息子に別れを告げるのは心を裂かれる思いだが、その身の安全を考えると心の底では安堵し今できるのはそれしかないと諦め、近い将来の再会を約束して空港で涙の別れをする。

ストリートチルドレンのカティウスカと７ヵ月の娘エウカリ。路上生活から抜け出そうと、もがいている。

政治に関する意見は自分と違っても、それは各人の意見だから尊重したい。しかし、今国民の九〇％以上がものすごいインフレと、食べる物さえない生活に苦しんでいる。大学教授の月給が、三〇ドル未満なのである。一日一ドルと言うことだ（二〇一六年）。私も受給している国民一律の年金は、二〇〇三年頃は感覚的に月約八万円ぐらいの価値があったが、二〇一八年七月現在、刻々と変動するハイパーインフレーションで月二ドルぐらいになってしまった。しかも新たな受給者は、政府支持証明書を申請しないと受給できない。

今ベネズエラの国民が心から望んでいることは、仕事があり一日三回食べられ、昔のように安心して道を歩ける平和な生活に戻ることだ。

「一〇〇年続く悪はない」

〝No hay mal que dura 100 años.（一〇〇年続く悪はない）〟ベネズエラ人がよく使う諺だ。そう言って自らを慰め、政治家や有名人の多くがその時を待てず、あの世へ旅立ってしまった。「乗りかかった舟だ。沈没するか向こうの岸にたどり着くか、やって見なければわからない」と、私も三八年頑張ってきた。できること、やるだけのことはしてきたつもりだ。

両親も弟も五〇代で死んでしまったのに、私だけが生き延びた。病気だけでなく、危ない目にも何回も遭った。ニューヨークでは、降りたばかりのタクシーに後ろから来た車がぶつかって、タクシーが電柱に衝突して大破したり、カラカスでは車に乗って信号待ちをしている時、後続車にドンと突きあたられてむち打ち症になり、長くリハビリに通う羽目になった。高いところにある物を取ろうと椅子に乗った途端ひっくり返り、脳震とうを起こしてしばらく意識を失ったこともある。今まで生きてこられたのは偶然か。それとも、まだ何かせよということなのか。

混乱の国から逃れ、平和で秩序ある自分の国で今、安堵した毎日を送っている。一時帰国のつもりで友人にさよならも言わず来てしまったが、ベネズエラの状況がますます悪化してしまい、帰れなくなっている。

そして今、もう帰りたくなくなっている自分がいる。愛着ある家や、精魂込めて育てた花や庭は恋しいけど、むざむざ殺されるために帰るわけにはいかない。親にもらった命を、そう簡単に捨てるわけにはいかない。長年かかって築き上げた仕事やたくさんの絵に未練があるが、それも命があってのこと。そして、世界各地に散らばることを余儀なくされた何百万ものベネズエラ人たちや、さらにもっと悲惨な生活を強いられている多くの難民の人たちを思う時、「こんなことで負けてたまるものか、もう一度試練に立ち向かおう」と勇気を奮い立たせている。

少し前、日本のある新聞で〝ランチ難民〟という言葉を読み、体が震えるほど腹が立ち、すぐ新聞社に抗議の電話をしたが相手にもされなかった。関西の大企業の食堂が改築のため一時閉鎖になり、昼飯を食べられなくなった人たちをそう呼んだのだが、難民という言葉を安易に使うべきではないと思ったのだ。国を追われた人たちが、どんな思いで故郷から逃げ出さざるを得ず、見知らぬ国の過酷な条件の中で死に物狂いで生きているのかを、この記事を書いた記者は想像することさえできないのだろうか。

帰国後しばらくの間は、太陽が沈むと外出するのが怖くてアパートに籠っていた。そして、スーパーの物と数の多さに目が眩みそうだった。一つの物にも何十という種類があり、最高級品もあれば一〇〇円ショップにもあるような品も売っているのが不思議だった。一億三〇〇〇万人の口に入る食糧が溢れるほどある国と、日本の二・四倍の土地に住みながら三〇〇〇万人の食べる物もない国があるのだ。

昔ならなんとも思わず買ったであろうに、四六時中脳裏から離れないベネズエラの人たちを思うと、〝Use it up,Make it up,Do without it!――使い切れ、工夫しろ。なくてもなんとかなる：アメリカの開拓精神〟とおまじないのように唱え、手を引っ込めてしまう。

貧困層ではなく、一般の人までゴミあさりをするようになった。

これが今や、ベネズエラ人の日常だ。

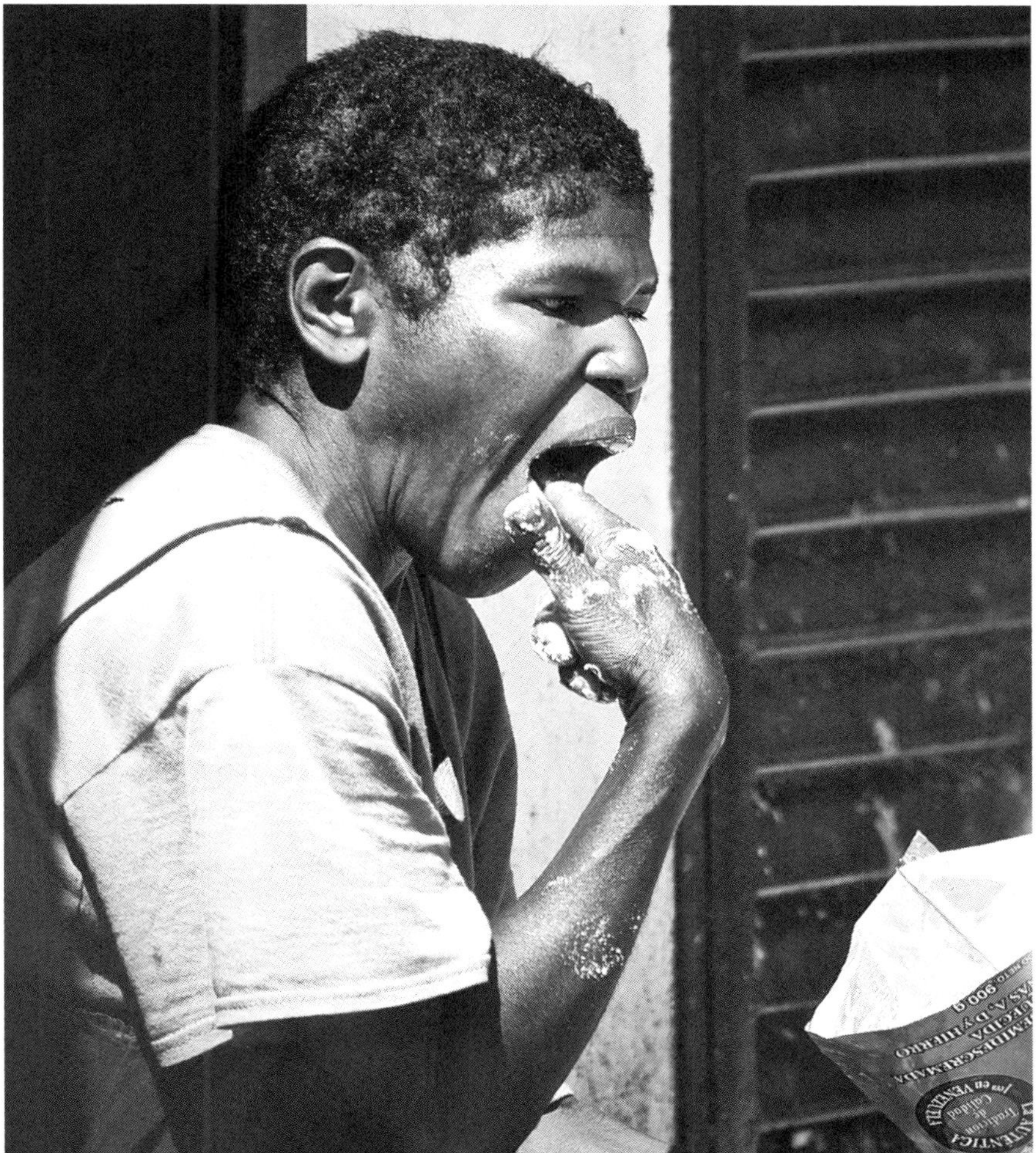

やっと食べられそうな物を見つけ口へと運んだが、その中には毒や腐った物も入っている。それでも何か食べないと死んでしまう。

物、モノ、もの。

もう、いらない。エゴと気まぐれから、物に縛られるのはもうやめた。朝の一杯のコーヒー、白いご飯、恥ずかしい思いをしない衣服、寒さから守ってくれる毛布や熟睡できるお布団……他は邪魔だ。明日死んでもいいように身軽でいよう。そうすれば、生きるのが楽しくなる。

引っ越した日、値引きで買ったお弁当をスーパーの備え付けの電子レンジで温め、トマトをかまぼこの板で切って食べた。なんでも役に立つものだ。氷ももらってきて、これでちゃんと食事ができた。

この数年、欲しい物ではなく手に入る物を食べていたので、私は口が肥えていない。カラカスでは、他になかったから肉やチーズやパスタなどばかり食べていた。だからピザや肉など見たくもなくて、帰国してからはずっと食べたかった納豆やお豆腐をよく食べていたら、するすると贅肉がとれて六キログラムも痩せた。やはり、自分の体に合っていたのだろう。

日本の果物は高い。ベネズエラで庭にたわわになっていたバナナを思い出す。鳥が突っつくまで放っておくから太陽をたっぷり吸って甘くて、これだけは贅沢なようだが日本のスーパーのバナナなんぞ食べられない。マンゴーやメロン、パパイア、スイカを朝に昼にジュースにして飲んだ。その素晴らしさが、今になってわかった。何十年も飲み続けたから、こんなに元気なのかもしれない。

父の転勤に伴って七回転校し、今まで一八軒の家を転々とした。だから、どこでも眠れるし何でも食べられるという適応性が身に付いた。いつでも、何でもござれ。もう、何も怖くない。

日本での仮住まいは、おままごとのような生活だ。テレビも電話もないが、インターネットさえあれば世界と繋がっていられる。帰国してから絵を一〇〇枚近く描いて、三度展覧会をした。初めて同窓会に出席して、顔も名前も忘れていた旧友と再会した。目黒川の夜桜に心を奪われ、東京湾に打ちあがる花火に時を忘れ、夜店の金魚は釣り逃がしたけど盆踊りの輪に交じって踊り、祭りのおみこしも担いだ。動けなくなるほど回転寿司を食べ、鉄板でお好み焼きを焼き、祇園をそぞろ歩いて、知恩院で両親のお墓参りもできた。

再び日本人になって

生まれた時、そして四五年ぶりに日本に住もうと決めた時、私は日本人になった。最初は単なる好奇心で外国を見たかっただけだったが、矢の如く歳月が過ぎ、人生の四分の三を異なる環境の中にどっぷり浸かって日本人であることも忘れて生活をしてきた。それゆえ、その間の日本の出来事や歌や芸能人や政治家など有名人の名などもすっぽり抜けている。聞く、話す、読むはもとより書くことがほとんどなかった日本語は錆びついてしまって、研ぐには暫く時間がかかりそうだ。

ベネズエラに住んで政治が国の将来を左右し、人の運命を変え、生きるということが実に大変なことだと身をもって学んだ。〝石の上にも三年〟と我慢していたのが、いつの間にか自分の国になっていた。大声で話す人、人の迷惑や気持ちなどそっちのけで自分勝手な行動をする人も自分と同じ人間だと感じるようになって、隣人を愛するようになっていた。ベネズエラ人には、どこか憎めない人間の温かみがある。

国民が今、必死で苦難に堪え、全力を尽くして闘うのをこの目と心でずっと見てきた。だから、いつか必ずベネズエラに平和と自由が戻る日が来ると信じている。人間の考えることは誰も同じ。肌の色、国、宗教と関係ない。

言いたいことも愚痴も、黙って飲み込んでしまう方がいいと、長く生きてきてやっとわかってきた。人に言うことで、もっと嵐を呼ぶ。相手に対して怒るのではなく、そのように解釈された、またはそう運んで行った自分に落ち度があるのだと気が付いた。だから、どんな思いも心にしまって、消化されるまでそっとしておく。

普通の生活。日の出と共に起きて、働いたお金で食糧を買い、水や火を使って料理し、休日には運動したり家族と一緒に食事をする。昔は私もよく、家族や友人とレストランやカフェで食事したものだ。今、誰も待たない江戸川沿いの〝洞穴〟と呼んでいる部屋へと帰途に就く時、人々が楽しそうに食事をしているのを見かけると、無性に寂しさと孤独を感じ涙が出そうになる。それをぐっと抑えながら、皆のこの幸せがいつまでも続くようにと、祈るような気持ちになる。

そういった、当たり前と思っていたことが突然できなくなり、ただ生存するために食べ物や薬を探し、狂ったように生き延びる方法を探し回る——そんな生活を余儀なくされている今のベネズエラ人。薬もなく、病気になっても医者にもかかれない。映画を見たり本を読んで瞑想にふけったり、音楽を聴いて感動するなんてことはまったく別の次元のことになってしまい、人間としての喜びを取り上げられ、動物になってしまう情けなさ、つらさ。

人は、十分なお金と物、時間の余裕ができれば、皆優しくなれるはずだ。だが、逆を言えば人間は窮地に陥った時、他人の物を盗ってでも、だましてでも、たとえ人を殺してでさえも生き延びようとする。通常時は潜んでいる人間のどす黒い部分が、前に飛び出してくるからか。お金はあればあるほど、えげつないものだが、なければないで人の弱さを露呈させる。

それでも私は、ベネズエラとそこに暮らす人々を忘れない

ゴミをあさる――そんなことできるだろうか？　ほんの少し前までごく普通の生活をしていた人が、あれとあれよという間に仕事や家を失い、お金も食物もなくなった時、道端にしゃがみ込んでゴミ袋を開け、食べかすを口に入れる。これではノラ犬と同じだ。いくらひもじくとも、わずかに残った自尊心を引きずって、その場を去って行くべきだろう。

しかし、自分の子が、赤子が、年老いた親が飢えで死にかかっていたら？　万引きするとか、地面に座って物乞いをするしかない。国全体が地獄の底に沈んで行く時、自分の力ではどうしようもない時、一体どうすればよいのだろう。すべてを後にして歩いてでも隣国へ逃げるか、一筋の糸を頼って他国に難民と

を建ててなんとか雨露をしのぐ人までいる。本人は恥ずかしさのあま

これを家と呼べるのか。全財産を失い町の郊外の荒野にほったて小屋
りか、家の左側の日陰に逃げ込んでしまった。

して逃げるしかない。そこで、どんな過酷な現実が待ち受けていたとしてもだ。政府と呼べるものではない、悪魔の集まりが国民を顧みない時、人は無力になってしまうしかないのか。反政府の旗を掲げ、デモに参加し声をはり上げても、銃を突き付けられ、拷問され、家族を脅かされる時、下を向いて生きて行くしかなくなるのだ。

そんな何百何千のケースを見聞きして次第に口を閉じ、政府を公に批判をしなくなる。お互いに困惑の目で見つめ合っても、口に出しては言わなくなる。私は外国人だったので、少しは言えた。でも、家族がいるのでやはり怖い。

それでも言わなければと思う。人々の苦渋と悲しみを見てしまった以上、胸から突きあがって来る思いを黙ってはいられない。私は幼い頃病弱で、早死にするはずだったのに今日（七〇）まで生きてきた。あとは〝おまけ〟だという思いがある。

世界中の至るところで、辛い思いで生きている人がいる。アメリカや西洋の良い生活を謳歌している人たちだけが、この世で生きる特権があるかに見えるが、声にならぬ声こそ、言うことができない人の代わりに声を上げることができる者が代弁しなければいけない。

イラクで性の奴隷にされた二五歳の女性がノーベル賞平和賞を取った。どんなことがあっても生き延びて、同じ目に遭った女性たちの声を伝える。そのか細い勇敢な姿に、目を見張る。生きること、その精神力に圧倒される。

ベネズエラでは、何をしてもすべてが上手く行かず、時間の無駄があまりにも多過ぎた。それだからこそ、日本に戻って今たっぷりある自分の時間が、何よりも大切に思える。

幸せの日々、輝かしい瞬間、誇らしい時があったからこそ、今すべて失っても心は豊かだ。素晴らしい思い出がいっぱいあるから人を羨む思いはなく、三食食べられること、水や電気があり、そして戦時中でなく、この平和な時代に日本に生まれた幸運を、今つくづくかみしめている。

（以上、小谷孝子）

■アルゼンチン・キューバ特別現地取材――――浅井隆

日本でも注目の集まるベネズエラの真実を取材するために

私は最終的にベネズエラへの入国を断念することになったが、入国の実現に向けてギリギリまで調査・情報収集をしてきた。そんな中、ベネズエラの悲惨な状況をすべてお話ししたいと申し出てくれた一人の女性と出会った。それが、右記にある手記を書いてくれた画家の小谷孝子さんだ。

彼女は、二〇一六年三月まで三八年間ベネズエラで暮らしており、経済危機と治安の悪化で命の危険を感じ、とうとう精神的にも参ってしまったため日本に帰国したという。今回のアルゼンチン、キューバでの取材においても、彼女からの事前情報のお陰で中身の濃い聞き取りをすることができた。

彼女の話の中で印象に残った言葉に、〝Éramos felices y no lo sabíamos〟（昔は幸せだったが、その時は気付かなかった）というのがある。日々の生活がどんどん行き詰まって行く中、多くのベネズエラ人が口にしていた言葉だそうだ。

そう、幸せな時、うまくいっている時はそのありがたさに気が付かないものなのだ。以前より日本国の国家破産について警鐘を鳴らしてきている私としては、いつの日か日本でもこの言葉をつぶやく時が来るかもしれないと、他人事とは思えなかった。純粋にベネズエラの状況を日本の人たちにも知ってもらいたい、そして日本の方々に関心を持ってもらい、ベネズエラの人々を助けてもらいたいという彼女の熱い思いが、今回の私の取材を強く後押ししてくれた。

だが、今回のアルゼンチン、キューバでの取材は、今までの私のジャーナリスト人生において様々な取材をしてきた中でも、いろいろな意味で非常に辛い取材だった。辛いというのは、体力的にもそうだが、内容について聞くのも見るのも気持ちが辛い、そういった取材だった。

行きはエールフランスを利用してパリまで行き、パリでトランジットのため二三時間待ち、羽田を経ってからブエノスアイレスに着くまで実に四七時間かかるという驚異的な旅となった。後日、ブエノスアイレスからキューバに行く際は、「コパエア」という「こんな飛行機で、本当に無事飛ぶのか⁉」と思うような古い機材の飛行機でびくびくしながらパナマ経由の深夜便で乗り継いで行った。日本から見るとちょうど地球の反対側に位置しており、アルゼンチンは一二時間、キューバは一四時間という時差の中での取材となった。

しかしその甲斐あって、アルゼンチンではベネズエラから逃げて来た人たち四組計七名に、キューバではベネズエラから前半の手記をお書きいただいた小谷さんの元ご主人に来てもらって、直接インタビューも実施することができた。私にとっても衝撃的な内容ばかりだったので、少しでも皆さんにも現地の生の声が伝わるようにレポートしたいと思う。

涙ながらの悲痛な叫び――元弁護士の女性

ブエノスアイレスのホテルで行なったインタビューの中でも、一人目の弁護士リビアさん（二九歳女性）は、最初から本人が泣き崩れてしまうという衝撃

ベネズエラから逃げて来た弁護士の女性とその友人の男性。女性はインタビュー早々、泣き出してしまった。

的なスタートだった。「もう二度と帰りたくない、祖国だけれど帰りたくない、家族は全員世界中に散り散りで、あれは国ではない、生き地獄だ」と私たちに涙ながらに訴えた。

隣国コロンビアに近いベネズエラの都市サン・クリストバルで生活していた彼女は、二〇一八年五月にコロンビア経由でアルゼンチンの首都ブエノスアイレスに逃げてきた。渡航費用は友人からお金を借りて、やっと脱出することができたという。ベネズエラから近隣諸国の中南米を中心に全国民の一割以上、三〇〇万人を超える人が難民として流出している。彼女も必死の思いで、南米大陸南端の遠くアルゼンチンまで逃げてきた。

しかし、二〇一八年の一〇月には一度、ベネズエラに戻っている。せっかく脱出できたのになぜか？　それは、彼女がこよなく愛していた警察官の弟が何者かに射殺されたためだ。ある大手企業トップの護衛に、五人の警察官が付いていたというのだが、なんと五名全員がピストルで射殺されたという。殺された理由は、警察官の拳銃を奪うためであった。

水をくれと段ボールに書いてうったえる人々。

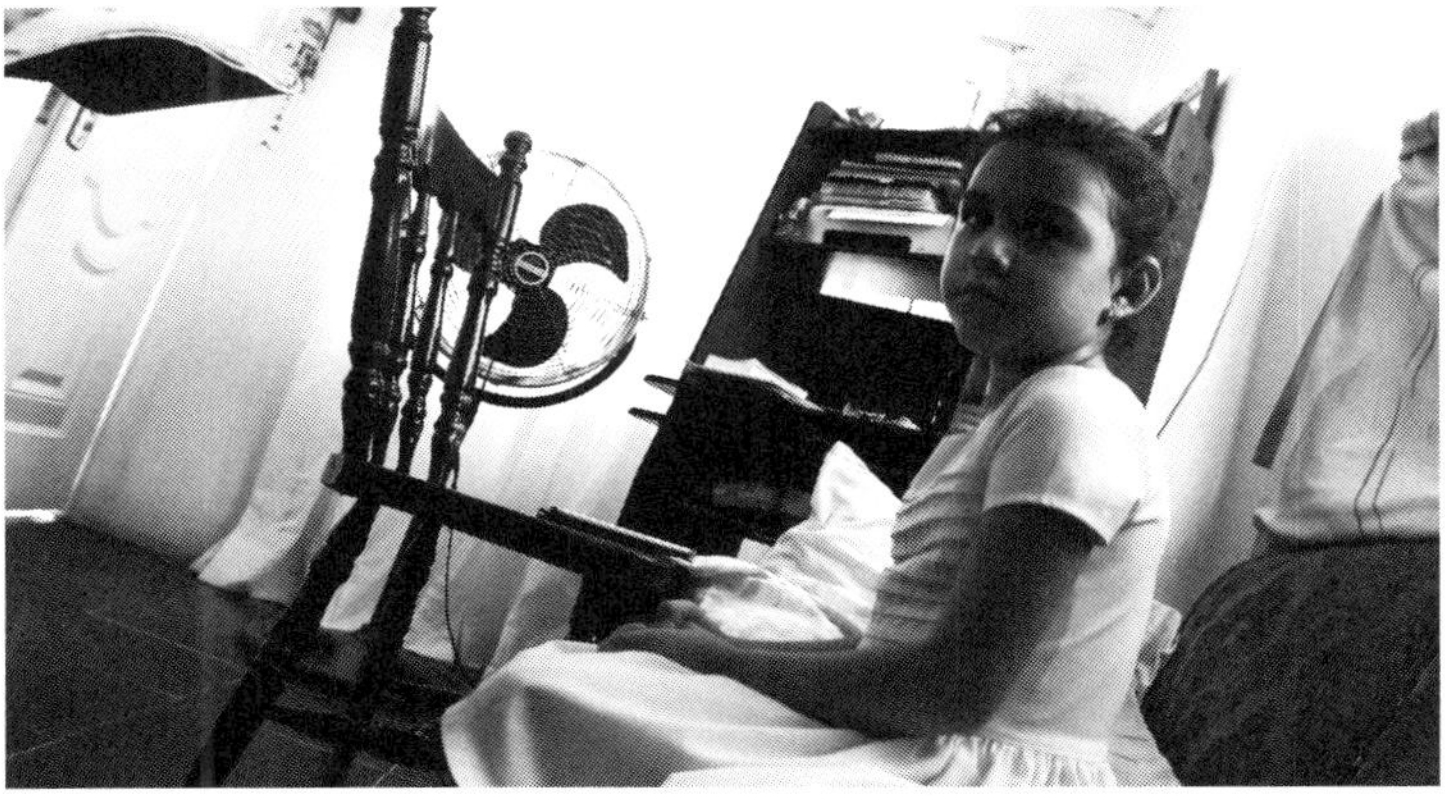

都市カビマスの電気のない家で暮らす７歳のニコールちゃん。

しかし、警察当局や政府は「警察官五名が、裏で悪の道に走っていたため殺された」という、真実からは程遠い内容で伝えたという。変わり果てた弟に会い、母と病気の祖母を残して再び一一月にアルゼンチンに戻ってきたというのだが、お金がないので陸路でバスなどを乗り継ぎながらコロンビア、エクアドル、ペルー、ボリビア、アルゼンチンと一五日間かけてきたという。

ベネズエラの治安は非常に悪く、日中でも携帯電話を見えるところに持っていようものなら、すかさず窃盗犯がバイクで近づいてきてピストルを突き付けられるという。そうなったら、相手の顔を見ずに下を向いて携帯を差し出すしかない。顔を見た瞬間、いとも簡単に撃ち殺されてしまうからだ。

さらに、日々の生活でも電気は絶えず停電し、水も出ない。近くの川から泥交じりの水を汲んできて、沸かすこともできずにそのまま飲んでいたという。私たち日本人が同じことをしたらたちまちお腹を壊すだろうし、下手をすれば細菌に侵され命取りになるかもしれない。それを彼女に言うと、「私たちベネズエラ人は強い免疫力を持っているから、泥水くらい全然平気！」と笑顔で答え

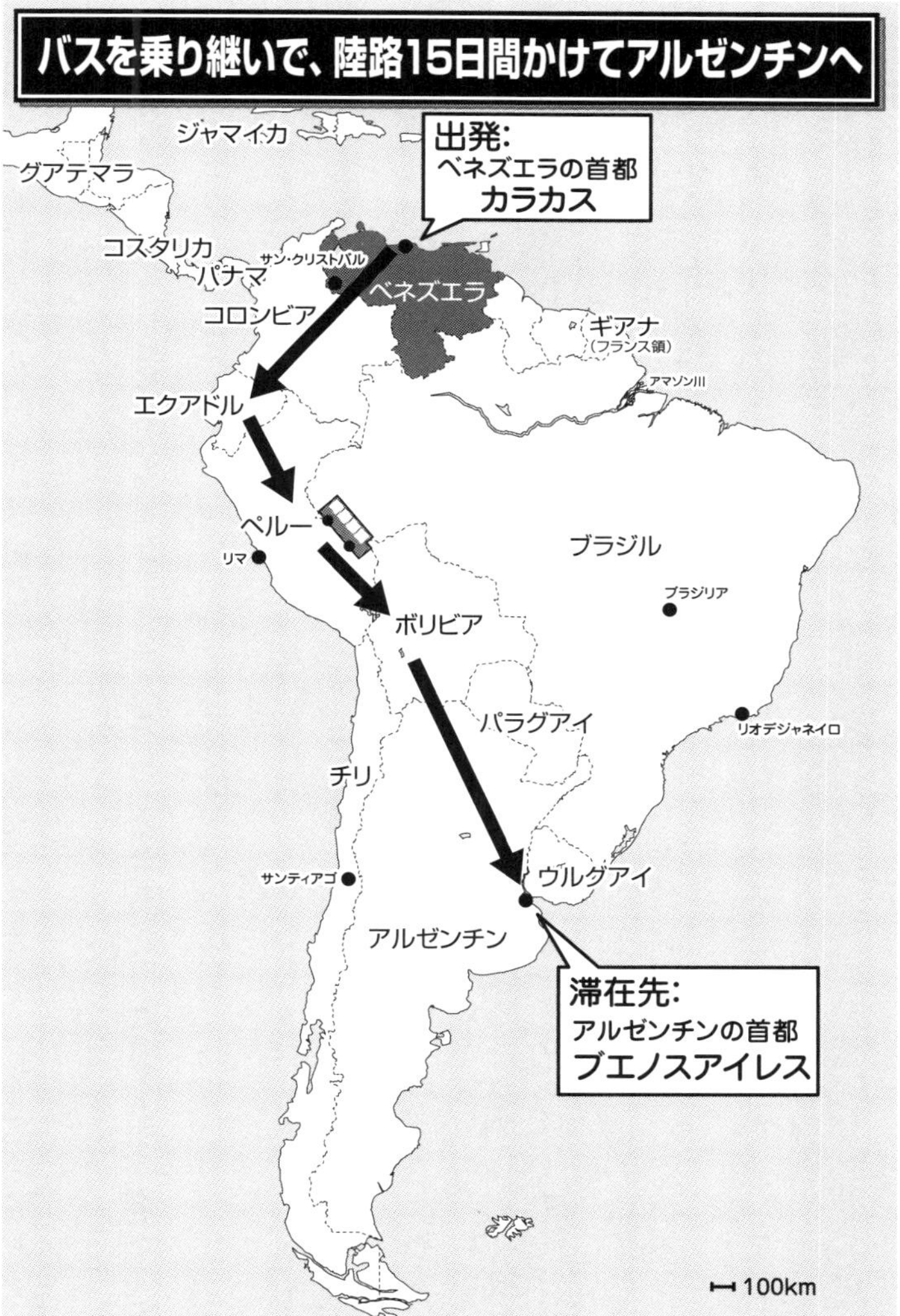

バスを乗り継いで、陸路15日間かけてアルゼンチンへ
ジャマイカ
グアテマラ
出発:
ベネズエラの首都
カラカス
コスタリカ
サン・クリストバル
パナマ
ベネズエラ
コロンビア
ギアナ
(フランス領)
アマゾン川
エクアドル
ペルー
ブラジル
リマ
ブラジリア
ボリビア
パラグアイ
リオデジャネイロ
チリ
サンティアゴ
ウルグアイ
アルゼンチン
滞在先:
アルゼンチンの首都
ブエノスアイレス
100km

てくれた。私は彼女から、本当の意味でたくましく生きるということを教えられたように感じた。

現在彼女は、一一月にアルゼンチンに戻った際に出会った男性と一緒に、他のベネズエラ人三名と五人で同じアパートメントで生活している。男性はベネズエラにいた時から勤めていた中国企業がアルゼンチンにも拠点を持っていたため、そこでコールセンターのオペレータの仕事に就いている。しかし、彼女を含む他の四名は、なかなか仕事がない状況だという。彼女もベネズエラでは弁護士の免許を持っているが、アルゼンチンでは通用しない。スーパーの試食販売のアルバイトに就いたが、一日でクビになってしまったという。アルゼンチンに難民として入国したベネズエラ人は一三万人以上いるとも言われており、アルバイトなど替えはたくさんいるのだ。

先の見えない状況の中にいる彼女に、持ち前の明るさで強く生き抜いて欲しいと祈るしかなかった。

母国に残っている家族のために働いて送金する

宿泊したブエノスアイレスの高級ホテルでは、ビュッフェ形式の朝食の際、テーブルごとに担当スタッフが付いた。高級ホテルということもあるのか、そこで働くスタッフはプライドが高く、日本のように笑顔で愛想良く対応してくれる人はなかなかいない。

ある日、私たちのテーブルの担当に付いた青年がとても感じ良く、笑顔での応対がとても良かった。私は、思わず彼に声をかけた。「とても感じがいいね！どこから来たの？」。なんと、彼は笑顔で「ベネズエラから来ました」と答えてくれたのだ。ベネズエラから逃げて来てもなかなか良い仕事にはありつけない状況の中、高級ホテルでの職を得ることができて、彼は必死に大切な仕事を行なっていたのかもしれない。私はすぐに彼に取材の依頼をし、翌日、外のカフェでインタビューすることとなった。

彼の名前はリチャード（二二歳）と言い、ベネズエラでは大学でジャーナリズムを専攻していたという。待ち合わせの場所には、彼の知り合いというベネズエラ人の女性を連れてきた。一緒に来た女性の名はキンベルリーと言い、二〇歳だというがプロフィールを聞くまではリチャードさんより年上の女性だと思っていた。リチャードさんは、大学の後輩である彼女にアルゼンチンまでの渡航資金を借りて、やっと出国できたという。彼女は「仲間同士で協力しあうことがとても大事なこと」だと言う。アルゼンチンでお金を稼いで、母国にいる家族に送金したり、出国できない仲間に貸してあげているという。そして、そのお金で出国できた人が働いて、また誰かを助けて行く。

姉御肌で二〇歳には見えない、何かを悟ったような落ち着いたそぶりの彼女は、その強い眼光も印象的だった。

ベネズエラでの彼らの生活は、その日に食べる物を調達することすら大変だったという。携帯電話を使って、どこのスーパーで何が売られているか、またその時の貨幣の価値がいくらになっているかを常にチェックしていたという。

ベネズエラでは元々「ボリバル」という通貨が使われていたが、二〇一八年八月にはハイパーインフレのために通貨を五桁切り下げるデノミが実施され、新通貨「ボリバルソベラノ」に切り換えられた。一ボリバルソベラノは旧ボリバル通貨に換算すると一〇万ボリバルとなったために、商品価格の桁が変わり、大混乱になったという。月に何倍ものペースで物価上昇が続き、ついさっきまで一〇〇ボリバルソベラノで買えた彼らの主食となるトウモロコシの粉「アリーナパン」が、数時間後には倍の二〇〇ボリバルソベラノになる有様だった。リチャードさんがベネズエラにいた時には、一日に一回食事ができたら良い方だったという。

彼らが使用していた通貨はデビットカードで決済されており、実際には新紙幣を見たことがないという。政府が新通貨に切り替えたものの印刷が間に合っておらず、ほとんど世に出回っていないのが現状なのだ。買い物はデビットカードで決済するが、移動に使うバスやタクシーには現金が必要で、一〇〇ボリバルソベラノのキャッシュが必要な場合は信頼できる現金を持つ友人の口座

ホテルの朝食会場でウェイターをしていたリチャードさん（左）。ベネズエラから逃げて来て高級ホテルに就職できたので非常に幸運と言える。右はリチャードさんが脱出するのを手助けしたキンベルリーさん。まだ 20 歳だというのに驚くほどしっかりしていた。

←ホテルの朝食会場で笑い顔で働く
リチャードさん

に二〇〇ボリバルソベラノをネットから振り込んで、一〇〇ボリバルソベラノ分の紙幣を手に入れるという。つまり、現金を倍の金額で購入するのだ。

ただし、取材を通じてわかったことだが、首都カラカスなどでは特に、ベネズエラの貨幣よりもなんといっても強いのは米ドルで、それをいかに蓄えるかが大切だという。

二人にベネズエラに戻りたいかという質問を投げかけたところ、リチャードさんは、「今はベネズエラに残っている母や姉（エクアドルで働いている）の赤ちゃんに働いたお金を送金しているが、いつか母たちも脱出できるようにしてあげたい。でも、僕自身はもう二度と戻りたくない」と答えた。一方、キンベルリーさんはベネズエラに残してきた病気を抱える祖母のことを一番気にしており、「薬さえあれば良くなるのに、その薬すら手に入らない。いつか戻って家族の面倒をみたい」と力強く言っていた。

神は信じるが、教会は信用できない

ブエノスアイレスの地下鉄の駅のホームで偶然出会ったのは、音楽家のジョセフさん（三三歳）だった。ホームで民族楽器の笛を使って見事に曲を奏でる彼に声をかけたところ、ベネズエラからアルゼンチンに二年半前にやってきて、お金を貯めてようやく一年前に八歳の娘と弟を呼び寄せることができたという。

ベネズエラでは、母と二人の弟と娘とで暮らしていたが、一日一日をなんとかやり過ごすだけの日々が続いていたという。日中外に出てもピストルを突き付けられることもあり、用事がない限りできるだけ家にいるようにして外出もしない。以前はまともな経済活動ができたのに、しばらくすると、兄弟の仕事も会社も工場も、すべてなくなってしまった。

月給が四五〇〇ボリバルソベラノで、米ドルにすると六ドルくらい。三六個の卵が二三〇〇ボリバルソベラノもするので、月給の半分が卵でなくなってしまう。日常使う洗濯洗剤が、二〇〇〇ボリバルソベラノもするという。

必需品である小麦粉や油などの主要品目は、政府との間に立っている仲介業者であるマフィアが牛耳っていて自分たちには回ってこない。スーパーに並んだとしても高価な価格になっていたり、品物があったとしても粗悪品も多い。海外でも展開しているような大企業はベネズエラから去って行き、中小企業はほぼ壊滅状態、残ったのは国営企業だけになった。現大統領は中南米の共産主義の国に操られており、自国としては何もできないし、しようともしない。

子供たちの通う学校も、一クラス三〇名の三クラス計九〇名だったのが一クラスだけになり、それも一〇～一五名しかいなくなってしまった。ほとんどの子供が海外に逃げてしまったためであるのと、その日その日の食糧を確保することが大事で学校に通っている場合ではないという状況の家が多いためだ。ジョセフさんに、「ベネズエラから遠く離れたアルゼンチンになぜ娘を呼び寄せたのか」と質問したところ、アルゼンチンは医療が無料で受けられ、何より学校教育も無料で受けることができるからだという。ベネズエラに娘がいた時は、

ブエノスアイレスの地下鉄のホームで出会ったベネズエラの音楽家・ジョセフさん。

その数日後、ホテルでインタビューした時には、８歳の娘を連れて来た。奥さんはアルゼンチンになじめずに、ベネズエラに戻ったという。

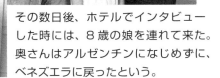

原油はあるのに、優秀な
エンジニアが海外へ逃げ
出したため、油田の稼働
率は驚くほど低い。

南米一豊かで世界一の原油埋蔵量を誇る国が政治の堕落によってハイパーインフレを起こし国家破産した。米ドルに対し自国通貨の価値はどんどん下がっている。

早くちゃんとした教育を受けさせてあげたいと思っていたという。

もし、ベネズエラの子供たちの救援のために何かしたいとしたら、現地の教会に寄付すれば子供たちのために活かされるのかとたずねたところ、彼の答えは「ノー」だった。特にカソリック教会は政府と結託しており、「彼らは生き残ること、お金を得ることしか考えていない。僕は神は信じるが、教会は信用できない」ときっぱり答えた。

おばあちゃんを公園に連れて行って捨ててくる

最後に、つい一週間前に逃げて来たという大学教授（女性）にインタビューをした。私は過去にあれほどまでおびえ、あまりにも悲しいものを見てきてしまったという目をした女性に会ったことがない。彼女は政権からも弾圧を受け、周囲は治安が悪く本人も誘拐され、強盗事件にも遭い、食べ物もない中で政権の恐ろしさ、ハイパーインフレの恐ろしさを見てきたという。磔《はりつけ》になったキリストでもあそこまで悲しい目はしていないだろうなというくらい、悲しく虚ろな目であった。彼女も、インタビューの途中で、残してきた旦那さんのことを思い、泣き出してしまった。

それと好対照だったのが、彼女に付き添ってきたレジスタンスの闘士のような女性だ。彼女自身もベネズエラから逃げてきたけれど、ベネズエラ政府のことが許せず、逃げてきた人を支援しながら政府をいつか打倒してやるという闘志を持っていた。

大学教授の方は、絶対に顔は撮らないこと、撮っても後ろ姿のみにしてほしいと言う。彼女の話もすさまじかった。ご主人と二人とも誘拐されて、すべてを盗られ山の中に捨てられたという。ガソリンスタンドでトヨタの大きな四輪駆動の車の給油をしていたところ、ピストルを持った男たちに襲撃され車を持って行かれてしまったことをおびえながら語る彼女は、つい一週間前までベネズエラで生活しており、まだ恐怖心に強く捕らわれている状態だった。

彼女の月給は米ドルで二四ドルだったが、卵三六個を買うのに月給の半分は使わなくてはならなかったという。前出のジョセフさんのインタビューで聞いた卵の価格と彼女の価格に違いがあるのは、生活していた地域による違いもあるが、数年前のジョセフさんの価格とつい最近まで生活していた彼女との時期の違いが大きいと考えられる。インフレが続いていることが、よくわかる。

街はゴミ収集車が来ないのでゴミの山になっていて、それをあさりにごく普通の人が集まって来るという。空腹に耐えられず腐っているか臭いを確認して、その場で食べてしまう人も多いという。大学教授として、特殊教育の先生を育てるのを専門としていたが、授業に大学生がほとんど来ない。学生は今日の食べ物を探すのに精いっぱいで、授業どころではないのだ。久しぶりに学校に来ても、授業中に栄養失調で倒れてしまう生徒もいた。彼女自身も食べ物を手に入れるのは大変で、一羽の鶏を手にいれるために炎天下の中を立ち続け、途中雨も降る中で八時間も並んだという。やっと鶏肉を手に入れることはできたが、身体はすでに衰弱しており、その後五日間も寝こんでしまったという。

また、彼女の知っているいくつかの家庭では、将来がある子供たちに食べ物

数日前にベネズエラから逃げて来た大学教授の女性（左手前後ろ姿）。彼女は絶対に正面からの写真を撮らないでくれと言い続けた。ベネズエラ政府からの弾圧のトラウマが頭から離れないという。右はベネズエラから逃げて来た反政府活動家の女性。

「ベネズエラ政府は許せない」と強い口調で語る反政府活動家の彼女の目付きは、私がかつて見たことがないほど激しい闘志に燃えていた。

対称的に取材中、終始おびえていた大学教授。

彼女はアルゼンチンに逃げて来たベネズエラ人の高齢者を対象に、職業紹介のボランティアを進めている。

やっと手に入れた食糧を大切に
家に運ぶ主婦たち。

やがてあきらめとやるせなさが心を支配し始める。

炎天下で倒れることを覚悟で並ぶしか生きる方法はない。

何を買うにもひたすら列を作るしかないベネズエラの人々。

を与えることが最優先で、高齢のおばあちゃんをどこかの公園に連れて行って捨ててきてしまったという。まさに日本でもその昔、ある地域で行なわれたという〝姥捨て山〟だ。置いていかれたおばあちゃんは事情を察してか、後を追いかけてくることはない。人間社会とは思えない光景が、現代のベネズエラには存在しているという。

彼女はご主人と二人で逃げて来たかったと言うが、どうしても二人分の航空券を買うお金がなかった。そのため、夫を残してきてしまった罪の意識にさいなまれている。「あまりにも異常な出来事がベネズエラでは実際に起きているということを、世界のたくさんの人々に知って欲しい」と彼女は語った。

二〇〇一年財政破綻したアルゼンチンは今、どうなっているのか?

では、これらの取材地となったアルゼンチンの経済状況を見て行こう。アルゼンチンでは、二〇〇一年から二〇〇二年にかけて発生した通貨危機、債務危機で対外債務の支払い停止のデフォルト宣言を敢行し、財政破綻となった。いまだに経済・財政は不安定とも言われており、二〇一八年にはアルゼンチン・ペソの大幅下落でＩＭＦの支援を再度受け入れている。

私は宿泊しているホテルから程近い、アルゼンチンの高級住宅が立ち並ぶ街並みを早朝に散歩してみた。私は国内でもそうだが、特に海外出張に行った際には早朝に周囲を散歩することを心掛けている。散歩をするとその日をフレッシュな気持ちでスタートできることも理由の一つだが、日中は見過ごしてしまう街の顔や表情に、静かな朝なら気付くことがたくさんあるからだ。

ホテルを出ると、世界の高級ブランドショップが立ち並ぶおしゃれな通りがあるが、実際に歩いてみると歩道の至るところがデコボコで補修されていない。路上に駐車している車の九割がボロボロの車で、中には「これは廃車されているのではないか」と思うくらいのポンコツ車も何台か止まっていた。

高級住宅地の近くには、緑の美しい公園が点在している。公園の中に入ってみると浮浪者が寝ているところに何度も出くわした。一度国自体が経済危機に

■アルゼンチンの惨状■

ゴミを集めて生活している老人。

７回デフォルトしたアルゼンチンは、今でも首都ブエノスアイレスはボロボロで生活に困った人々が路上で生活している。

歩道も車道もボロボロで、ゴミが山のように捨ててある。

夏だからいいが、冬はこうしたホームレスはどこで寝るのだろうか。

陥ってしまうと、立ち直るまでにはかなりの時間を要するのだということを目の当たりにした。また驚かされたのは、閑静な高級住宅地にも関わらず、早朝から警察官が至るところに立っていたことだ。実際には、治安もかなり悪いのだろう。

ブエノスアイレスではたくさんのベネズエラ人と会うことができたが、アルゼンチン人三名の取材もできた。中でも非常にわかりやすくインタビューに答えてくれたのがガブリエルさん（四八歳）、元マーケット分析会社の副社長だ。現在は、ドライバーをして生計を立てている。

二〇〇一年当時、どのようなスピードで経済がおかしくなったのか？　と尋ねたところ、彼いわく「あっという間だった」と言う。「夜、彼女と美味しい物を食べて、翌朝着飾ってデートに繰り出し、その翌日に目を覚ますと〝カオス〟になっていた」——三日ほどで、考えられないくらい混沌とした世界へと急変してしまっていたと言うのだ。会社はそこそこ売り上げもあり、従業員も六〇名強と中小企業としては中の上を維持していた。しかし「あそこの会社は、支

2001年のアルゼンチンのデフォルトで全財産を失ったと告白するガブリエルさん。「それは、一瞬の出来事だった」と言う。

会社倒産後は、カメラマンなどもして必死に稼いだ。今は「稼ぐことよりも家族や仲間といる時間が一番大事だ」と言う。

払いもままならない」などありもしない噂を立てられ、八ヵ月後には倒産してしまった。当時、会社としても個人としても預金があったのに、二〇〇一年一二月に政府による預金封鎖が実施され、一切銀行から出せなくなって身動きがとれなくなってしまったという。

あっという間に会社も、家族も、家も車も失った。ずっと一米ドル＝一ペソだった固定相場から一米ドル＝一〇〇ペソの変動相場に変わった時には、意味がわからなかったという。今も、すべてを失ってしまったその時の状況がトラウマになっている。彼は、国（政府）も銀行も信用できないと言い切っていた。そして、いかに現金、しかも米ドルを持っていることが強いかということを、何度も強調していた。

一部の富裕層は海外に口座を持ち、出張だと言っては何度も米ドルを預金しに行き来しているという。彼自身もいざという時のために米ドルをベッドのマットレスの下に隠し、貯めているという。日本で言う〝タンス預金〟だ。

取材中の彼は、「悪い時の次には、必ず良い時が来る」と何度も繰り返し言っていた。それは五年周期でやって来ると言っていて、今は良い方向に向かっている周期だという。本当にそうなるのだろうか。なんだか自分自身にそう言い聞かせて、気持ちを鼓舞しているようにも聞こえた。

キューバにて、ベネズエラ人を呼び寄せて取材

いよいよ取材も終盤に近付き、ベネズエラから程近いキューバにベネズエラ人を呼んで話を聞くという最後の取材に入った。社会主義国であるキューバへの入国には、入国目的を証明するツーリストカードが必要で、それは最初に搭乗するアルゼンチン・ブエノスアイレスの空港、パナマ空港、そして最後に入国するキューバのハバナ国際空港とすべての空港においてチェックされる。

一方で、ベネズエラからパナマ経由でキューバ入りするベネズエラ人のエクトルさんも、ベネズエラでキューバ大使館からの入国ビザの承認がなかなか出ず、ぎりぎりまで実際に会えるかどうかわからない状態だった。

入国チェックが厳しいと聞いていたので緊張気味にハバナ空港に到着したが、案の定、私自身は荷物検査でなんとWi-Fiルーターを取り上げられ、その手続きに三時間もかかってしまった。午前中早めにホテルに着く予定が、お昼過ぎの到着になってしまった。大変な国に来てしまったと、つくづく思った。

その後、ホテルでエクトルさんと無事に会うことができたのだが、エクトルさんは経由地のパナマで渡航目的を何度も繰り返し尋ねられ、一時間も身動きができない状況だったという。お互い、やっとの思いでキューバにたどり着くことができ、インタビューが実現したのだ。

エクトルさん（七一歳）は、建築家で冒頭の手記をお書きいただいた小谷孝子さんの元ご主人である。まずは、なぜベネズエラに食べ物がないのか、その理由を聞いてみたところ、政府が流通も含めた今までの生産システムを破壊して、政府が認めた仲介業者（実態はマフィア）に輸出入も含めたすべての権利を与えており、その仲介業者は商品が高値で売れるまで流通させず、結果的に在庫がダブついたり腐らせたりしてしまうせいだという。しかも、流通に卸す

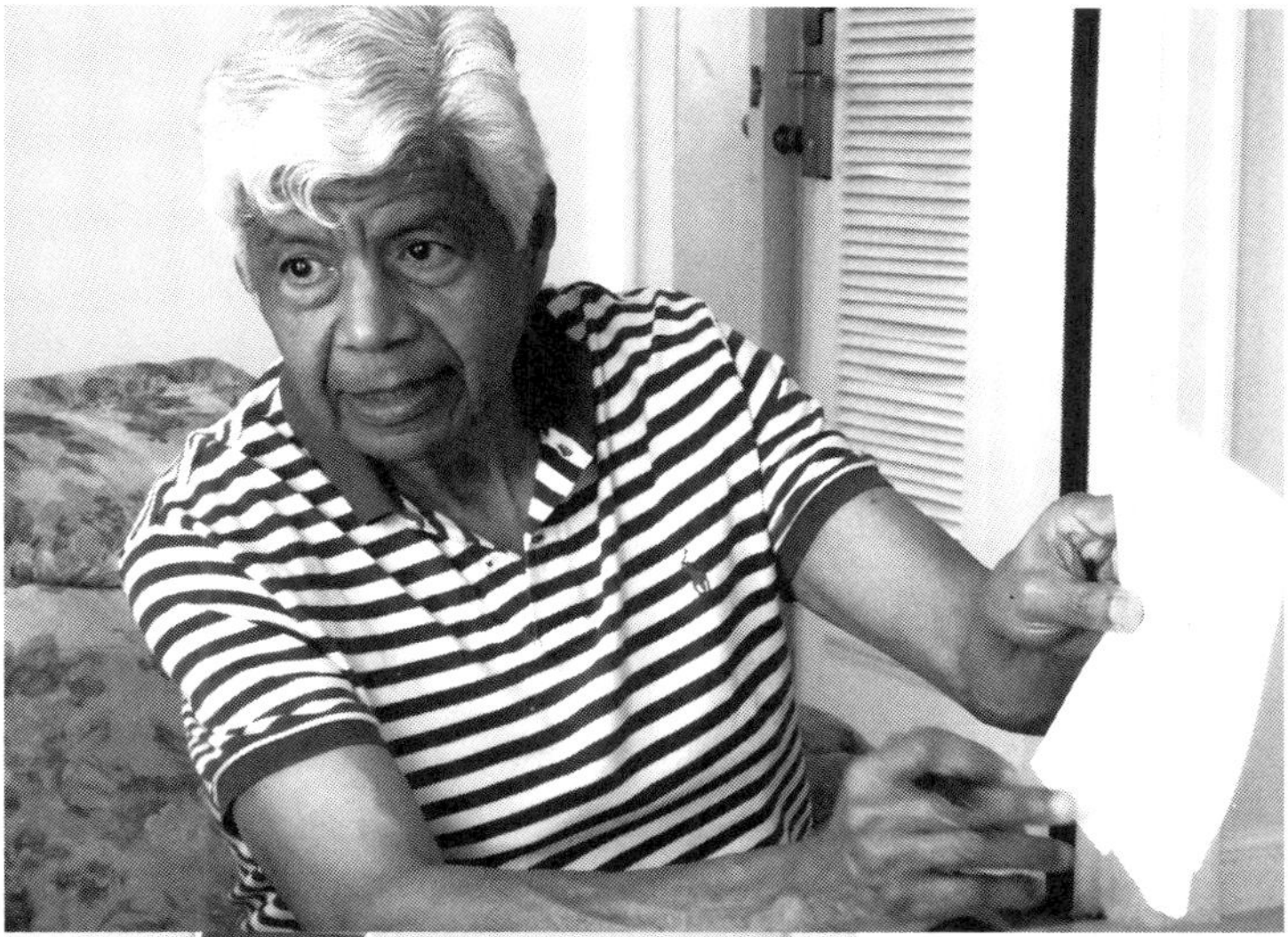

経済トレンドレポート
国民生活崩壊のベネズエラは
10年後の日本か？

キューバのハバナでインタビューに応じる小谷孝子さんの元夫のエクトルさん。

経由地のパナマで、なぜベネズエラからキューバに入国するのかとさんざん尋問されたという。だが、私とのインタビューを終えると笑顔に戻った。

際に質の悪い物を混ぜ、そこでも利幅を抜いているという。その上、ベネズエラ国内に流通させず隣国コロンビアに流すことさえあるというのだ。

栄養失調で亡くなっている子供たちがたくさんいる中、自分たちの私腹を肥やすことしか考えていない一部の悪魔たちに市場が牛耳られていて、一般の市民が活用するスーパーマーケットにはほとんど商品は置かれておらず、何か品物が入荷した情報が入れば市民が殺到する。一方で、ごく一部の富裕層が通うスーパーマーケットには、高額ではあるが物が溢れているという。

また、政府を支持するプログラムに登録した者だけが、政府から二週に一回、食糧を配給してもらえるという。米や小麦粉、スパゲッティなど二〇品目の何かが配給されるのだが、ほとんどの物がフェイク（偽物）で、半分は本物だが半分はバッタ物が入っていたりするという。

先ほどの〝姥捨て山〟の話を聞いてみたところ、エクトルさんの知る限りでは老人を公園に捨ててくるという話は聞かないが、子供がある程度大きくなってきたら家から出されてしまうという話はあるとのことだった。

たとえば、家族に一二歳、一〇歳、七歳、五歳の子供がいたとしよう。その場合、親が「一〇歳を超えたらもう大きいのだから、自分で食べて行けるだろう」と言って上の子二人を家から出て行かせるそうだ。わずか一〇歳の子供が、どうやって生活の糧を稼ぐことができるというのだろうか。結果、その追い出された子供たちが食べ物を確保するためにギャング化したり、犯罪組織に組み込まれて行ったりするという。とても悲しい状況が深刻化している。

ベネズエラではたとえ強盗に入られても警察は呼ばないという。なぜなら、警察官そのものが現場捜査といって家にある金目の物をすべて持って行ってしまうからだ。一体、何を信じればよいのか。

エクトルさんには娘がいて、母親が日本人であるということもあり、娘は日本に一時的に来ているが彼女自身は速やかにベネズエラに帰国し、父親の下に戻りたいと言っている。父親であるエクトルさんに「娘さんにはベネズエラに戻って来て欲しいですか？」と質問したところ、「いとも簡単にピストルを突き付けられてしまう国に、戻って来て欲しいと言う親が世界中どこにいますか？

えて泣き出す女性。私の人生は一体、何だったのか。

何日待ってもガスボンベの中身を入れに来てくれない。ついに頭を抱

あなたなら戻したいですか？　答えはノーですよね」。エクトルさん自身は預金を切り崩しながらベネズエラに留まって、どうにか生活して行くと語った。

ここには掲載できなかったが、かなりの手間と取材費をかけてアルゼンチン、キューバでこれ以外にも様々な人々と出会って話を聞いてきた。これも一重に読者の皆さんに国家破産とは何なのか、今、現実にベネズエラで起きていることはどんなことなのかをよく知って欲しいと思うためだ。そして、国家破産したベネズエラの状況を対岸の火事と思わずに、いつ自分たちの国がそのような惨事に見舞われても大丈夫なように備えてほしいと強く願っている。

私は今回の取材を通じて、この辛く悲惨な状況を知ってしまった以上、ベネズエラの子供たちの救済、ボランティア活動をしたいと強く思った。アルゼンチンに逃げたベネズエラ人、そしてベネズエラ国内で食べ物がない中で病気でどんどん死んで行っている子供たちを救う活動をしたいと思っている。巻末に「ベネズエラ子供救済募金」のことも書いておくので、「少し手を貸してもいい」という方がいらっしゃればお問い合わせいただきたい。

第二章

原油埋蔵量世界一のベネズエラはなぜ国家破産したのか

緊迫するベネズエラ

「私は大統領として国家の行政権を引き受ける」――二〇一九年一月二三日、フアン・グアイド国会議長は、ベネズエラの首都カラカスで暫定大統領就任を高らかに宣言した。

ベネズエラにはニコラス・マドゥロという大統領が存在する。しかしマドゥロ政権下、猛烈なハイパーインフレとモノ不足でベネズエラ経済は崩壊状態に陥り、生活に困窮する人々はマドゥロの退陣を求め、連日のように抗議運動が行なわれた。

マドゥロは二〇一八年五月に実施された大統領選で再選を果たしたが、選挙での不正が疑われ欧米をはじめ多くの国は政権の正当性を認めていない。

そこで登場したのが、グアイドというわけだ。グアイドの暫定大統領就任により、ベネズエラでは同時に二人の大統領が存在する異常事態となった。当然、マドゥロ政権はこの暫定大統領を認めない。しかし、アメリカのトランプ大統領はグアイドを暫定大統領として承認することを表明、アメリカに続きカナダ、ブラジル、アルゼンチン、イギリス、フランス、ドイツなどの国々が次々に承認した。一方、ロシア、中国、シリア、イラン、キューバ、ボリビアなどはマドゥロ政権の支持を表明した。ベネズエラを舞台にした「新冷戦」の様相も呈している。

マドゥロがアメリカとの国交断絶を発表すると、アメリカはマドゥロ政権への外交圧力を一層強めた。アメリカは、ベネズエラの国営石油会社「ＰＤＶＳＡ」のアメリカへの輸出を原則禁じ、アメリカ国内にある資産を凍結した。他の国に対しても、ベネズエラ産の原油の取引をしないよう呼びかけている。この制裁を受け、大手金融機関は相次いでＰＤＶＳＡ債券の取引を停止した。

また、アメリカがグアイドを通じてベネズエラ国民に食糧や医薬品などの支援物資を配る意向を示すと、マドゥロ政権は海上封鎖や橋の封鎖により支援物資の流入を防ぐなど抵抗するが、マドゥロは次第に追い込まれつつある。

2019年1月末、マドゥロ大統領に抗議するため無数の人々がカラカスに集まった。

多くの若者が命がけで政府の圧政に反対するため立ち上がった。

警察車両を襲う若者。

このような中、マドゥロ政権を支持してきた中国やロシアも、マドゥロ政権退陣後を視野に入れ始めている。米ウォール・ストリート・ジャーナルは、中国がベネズエラ野党と協議を行なっていると報じた。中国は、これまでベネズエラに注ぎ込んできた巨額の融資が回収できなくなることを恐れているのだ。

同じくベネズエラに多額の融資を行なっているロシアも、ベネズエラからの債務返済が困難になる見通しを示し、閣僚がベネズエラ政府に対して債務の返済を強く求める発言をするなど、マドゥロ政権への姿勢を変化させつつある。

マドゥロ政権の劣勢が鮮明になる中、マドゥロが亡命を検討しているとの一部報道もある。現状を見る限り、マドゥロ政権の崩壊は時間の問題と言える。しかし、年率一〇〇〇万%を超えるハイパーインフレで国家破産し、崩壊状態にあるベネズエラ経済の再生は険しい道のりになるのは間違いない。

経済が崩壊状態にあるベネズエラであるが、かつては南米随一の非常に豊かな国であった。そのような豊かな国がなぜ、これほどまでに凋落してしまったのだろうか？　本章では、その原因について詳しく見て行きたい。

南米随一の豊かな国

二〇世紀初頭までのベネズエラは、主にコーヒーやカカオなどを生産する農業国に過ぎず、決して豊かな国ではなかった。そんなベネズエラに転機が訪れたのは、一九一三年のことである。マラカイボ湖で油田が発見されたのだ。ロイヤル・ダッチ・シェルやスタンダード・オイルなど外資系大手石油資本が相次いでベネズエラの石油開発に参入、ベネズエラはオイル・ラッシュに沸いた。

これにより、ベネズエラは一気に豊かな産油国へと変貌し、一九二六年には世界最大の原油輸出国となった。原油の生産と輸出が増えるにしたがい、累積した対外債務はほぼ解消し所得水準も大きく上昇した。一九五〇年におけるベネズエラの一人当たりＧＤＰは、アメリカ、スイス、ニュージーランドに次ぐ世界第四位であった。ベネズエラは、南米でもっとも豊かな国へと上りつめたのである。

しかし一方で、資本集約型の石油産業は雇用の増加をもたらすことはなかった。インフレが高進し、失業者が増加した。国外から大量の農産物が輸入され、農業も打撃を受けた。失業者や崩壊した農村から逃れた人々は、首都カラカス周辺の山腹に移り住み、「ランチョ」と呼ばれる巨大なスラムを形成した。一九六〇年にはこれらの貧困層は人口の四割を占めるようになった。

こうしてベネズエラでは急速に二極化が進行し、発展から取り残された人々の不満は時おり暴動となって現れた。

その後、ベネズエラは一九六〇年のＯＰＥＣ（石油輸出国機構）結成を主導し、世界の石油ビジネスにおける影響力を強めて行く。一九七〇年代には二度の石油ショックにより原油価格が高騰した結果、原油収入は大幅に増え、ベネズエラは未曽有の繁栄を謳歌した。

しかし、石油ブームはインフレの進行と貧富の差の拡大にますます拍車をかけ、依然として人口の四割が貧困に苦しむ状態であった。

一九八〇年代、原油価格下落による苦境

一九七六年には石油国有化法が制定され、ベネズエラ政府は国内油田の国有化を宣言し、ベネズエラ国営石油会社（ＰＤＶＳＡ）が設立された。一方、豊富な石油収入を背景に、特に原油高局面では財政規律が緩んだ。一九八〇年には第二次石油ショックによる石油価格高騰を受け、当時のエレーラ政権が積極財政を推し進め、巨大コンビナートや天然ガスプラント、鉄道、橋の建設など開発投資を加速させた。財政規律の緩みは、ひとたび原油価格が下落すると財政運営を困難なものにした。

やがて、赤字が積み重なって行き、国際収支も悪化して行く。

一九八〇年代に入り原油価格が下落に転じると、原油収入は減少し国内開発資金が不足、対外債務が膨張して行った。一九八一年には対外債務が二八六億ドルに達し、翌一九八二年にはデフォルト（債務不履行）の危機に陥った。Ｇ

ＤＰ成長率は、七〇年代の六％程度からマイナス一・二％へと一気に低下した。失業率は二〇％に達し、平価切下げの恐れから海外への資本逃避が加速、一九八三年には対外債務危機に陥った。一九八六年に北海ブレント原油とドバイ原油が一時一バレル＝一〇ドルを割り込むと、外貨準備は大幅に減少、対外債務はますます増加した。

一九八〇年代を通じたベネズエラのＧＤＰ成長率は、平均マイナス一・四％にまで下落した。国民の所得は大幅に減少し、所得格差も拡大、貧困世帯がさらに増加した。こうして、ベネズエラ経済の苦境は深まって行った。

カラカス暴動とチャベスの登場

一九八九年、大統領に就任したペレスは緊縮政策を採らざるを得ず、助成金の廃止、国営企業の民営化、通貨切り下げなどを打ち出した。ガソリン価格は二倍になり、バス運賃も大幅に引き上げられた。

一九八九年二月二七日、ついに国民の怒りが爆発する。石油の値上げ発表をきっかけに、早朝から政府の緊縮政策に抗議する人々が大挙して街頭に集まった。バスの運転手が運賃の一〇〇％引き上げを要求し、ストライキを行なったため交通は麻痺し、見る見る混乱して行った。午前中の段階でスラムに住む数十万の人々が街頭に集まり一部が暴徒化、商店にて略奪行為が相次いだ。政府は非常事態を宣言し、軍の出動を命じて鎮圧に当たった。

この「カラカス暴動」により、多くの人々が射殺された。死者は政府の公式発表では二七七人とされるが、実際の死者数は数千人にのぼると言われている。暴動は鎮圧されたものの、軍の兵士もその多くが貧しい家庭の出身であったことから、軍内部でも次第に民衆を支持する者が増えて行った。

このような中で登場したのが、後にベネズエラの大統領の座に就くウゴ・チャベスである。カラカス暴動で非武装の市民に対し軍が発砲して多くの人々が犠牲になったことにショックを受けたチャベスは、クーデターを企てる。

一九九二年二月三日深夜、マラカイ空軍基地で陸軍中佐のチャベス率いる空挺部隊が反乱を起こし、数千人の兵士が決起した。マラカイ空軍基地を占拠した反乱部隊はカラカスに進み大統領府を襲撃、さらにマラカイボも占拠した。しかし、反乱は大規模な大衆蜂起には発展せず、チャベスはクーデターの継続を断念した。

ほどなくして反乱は鎮圧されたが、翌二月四日、チャベスは国営テレビを通じ一分間の演説を行なった。チャベスは、降伏の条件として反乱部隊に降伏を促すため、一分間のテレビ演説を要求したのだ。中佐の階級章を付けた軍服姿のチャベスは、テレビカメラの前で「『現時点では』目的は達せられなかった。すべての責任は私にある」と語りかけ、支持者たちに降伏を呼びかけた。

高まるチャベスへの期待と人気

クーデターは失敗に終わったものの、チャベスのこのテレビ演説は多くの国民に強烈なインパクトを与え、彼に対する熱狂的な支持者を増やすこととなった。実際、チャベスが収監された刑務所の周りには連日、多くの支持者が集まったという。

二月のクーデターに続き、同年一一月二七日にも二度目のクーデターが発生した。一部の空軍兵士が国営テレビと空軍基地を占拠し戦闘機が大統領官邸を爆撃、チャベスが収監されている刑務所も襲撃された。半日以上におよぶ攻防の末、二度目のクーデターも失敗に終わった。

その後、チャベスは武装闘争から政治運動へと活動方針を転換する。チャベスが獄中から大統領選挙のボイコットを呼びかけると、市民による選挙ボイコット運動が始まるなど政治的影響力を強めて行った。

一九九四年、政権交代の恩赦により解放されたチャベスは、政治活動を本格化し精力的に全国を遊説した。

一九九七年には左翼政党「第五共和国運動」を結成し、選挙登録した。ベネズエラ経済は深刻な低迷から抜け出せずにいた。緊縮政策によりスタグフレーション（不況下のインフレ）に陥り、インフレ率は一〇〇％に達した。多くの国民の生活は、苦しくなるばかりであった。チャベスは既存の二大政党の無策と腐敗を厳しく批判した。クーデターから六周年にあたる一九九八年二月四日には、カラカスの広場に大勢の市民が集まり大規模な記念集会が開かれた。ベネズエラの政治、経済が行き詰まりを見せる中、チャベスへの支持はますます高まり、一九九八年にはあらゆる世論調査でもっとも高い支持を獲得した。

チャベス大統領誕生

一九九八年一二月に実施された大統領選で「貧者の救済」を掲げたチャベスは、貧困層からの圧倒的な支持を集め史上最高の得票率（五六・五％）で大勝した。この時、チャベスは四四歳。ベネズエラ史上、もっとも若い大統領となった。当時、原油価格は一バレル＝一〇ドル前後まで下落し、ベネズエラ経済はどん底であった。対外債務は累積で三七四億ドルに達し、賃金、所得の減少により中間層は激減、国民の三分の二が貧困状態にあった。

一九九九年二月、大統領に就任したチャベスは、「ボリーバル憲法」と呼ばれる新憲法を制定し、国名をベネズエラ共和国からベネズエラ・ボリバル共和国に変更した。石油収入を国民に平等に分配するための政策を打ち出し、それまで石油資本が握っていた権力を奪うため、大統領権限を強化した。

貧困問題の解決に向け、学校の建設、医療の無料化、失業者への職業訓練の実施、地主の土地を接収して農民に分配するなどの政策を矢継ぎ早に打ち出し、圧倒的な国民の支持を集めた。二〇〇〇年七月に実施された大統領選挙でも、チャベスは五九・四％の得票率で圧勝した。

国民の支持を後ろ盾に、チャベスは徐々に立法・司法・行政を掌握して行った。反米主義、反グローバリズムを唱え、他の政治団体やマスメディアに対する締め付けを強めたため、富裕層や中間層を中心にチャベス政権の経済政策に対する不満が次第に高まって行った。二〇〇一年頃には、国内各地でストライキやデモなどが発生、反政府運動が激しくなった。

そして二〇〇二年四月一一日、クーデターが発生する。陸軍の特殊部隊が大統領宮殿に突入し、チャベスは拘束された。チャベスの降伏と辞任が報じられると、カラカス中心部は歓喜する群衆で溢れた。チャベスに代わり、元ベネズエラ商工会議所連合会議長のペドロ・カルモナが暫定大統領に就任した。クーデターは、成功したかに見えた。

しかし、暫定政権の強権的な支配は一部の国民の反発を招き、チャベス大統領を支持する貧困層を中心にデモが激化した。軍内部からも情勢を見て寝返る者も多く出て、にわかにカルモナは追い詰められて行く。

やがて、チャベス派が国営テレビ局を制圧、大統領宮殿を守る三〇〇〇人の兵士が反乱を起こし、カルモナは宮殿から追放された。カルモナは辞任に追い込まれ、身柄を拘束された。一方、カリブ海のオルチラ島に移送・収監されていたチャベスは四月一四日未明、軍のヘリに乗りオルチラ島を出発し、大統領宮殿に戻った。チャベスは大統領の職務に復帰し、クーデターはわずか二日ほどで失敗に終わった。

このクーデター以降、チャベスは反米姿勢をより鮮明にした。二〇〇六年九月には国連総会で、米大統領ブッシュに対し「ブッシュは帝国主義者の代表である」と述べ、名指しで八回も「悪魔」と呼んだ。この演説に会場では拍手が沸き起こった。逆に、キューバ、イラン、ロシア、中国などとの関係を強化した。中南米を裏庭と見るアメリカの影響力を排除し、中南米独自の相互経済協力による発展を目指す「米州ボリバル代替構想（ＡＬＢＡ）」を結成した。

クーデター失敗後も反チャベス派の運動やストライキは続いた。野党は大統領を罷免するための国民投票を目指す。国民投票に必要とされる数の署名が集まり、二〇〇四年八月、大統領罷免の可否を問う国民投票が実施された。結果は罷免賛成が四二％、罷免反対が五八％となり、チャベス大統領は信任された。反チャベス派の勢力は後退し、二〇〇六年一二月の大統領選でもチャベスは対立候補を大差で破り、三選を果たした。

勢いに乗るチャベスは権力維持のため、大統領任期を無期限とする憲法改正を目指す。六年だった大統領の任期を七年に延長し、再選を無期限で認める憲法改正案を示した。

しかし大統領再選規定の撤廃、任期の延長に加え、メディア、中央銀行に対する規制や介入の強化などが盛り込まれた改正案に対して国民のチャベス独裁への懸念が高まった。古くからのチャベスの同志であったバドウェル国防相もこの改憲案を批判し、国防相を辞任している。このような中、二〇〇七年一二月に実施された国民投票では僅差ながらこの憲法改正案は否決された。

しかし、チャベスは諦めなかった。翌二〇〇八年には再度、改正案を提案した。そして二〇〇九年二月、国民投票が再び実施され、賛成多数で憲法改正が承認された。これにより大統領の無期限再選が可能になり、チャベスは独裁体制を堅固なものにした。

チャベスの長期政権は当分続くと思われたが、そんな彼を病魔が襲う。二〇一一年六月、チャベスはブラジルとエクアドルを外遊後、キューバに到着した。膝の痛みを訴えた彼は病院でガンと診断され、そのまま現地で緊急摘出手術を受けた。その後、再発、手術を繰り返し、二〇一三年三月、チャベスは五八歳でその生涯を閉じたと言われる。

チャベスの経済政策

チャベスは闘病のさなか、二〇一二年に実施された任期満了に伴う大統領選でも、対立候補を抑え四選を果たしている。なぜ、チャベスは国民に支持されたのだろうか？　チャベスを支持した人々は主に貧困層だ。彼は言葉巧みに貧しい人々に寄り添う政治家を演じ、彼らの歓心を買った。低所得者向けに住宅の無償貸与、医療や教育の無償化などに取り組み、財政支出を拡大させた。一四五ページにあるチャベス政権期間中の財政収支の推移を見ると、特に期間の後半に財政赤字が拡大しているのが見てとれる。財政赤字を拡大させたバラマキの原資は、言うまでもなく石油収入である。

前述のように、チャベスが初めて大統領選に勝利した一九九八年一二月の原油価格は一バレル＝一〇ドル前後に低迷していた。ベネズエラの石油収入も当然、伸び悩む。しかし、チャベスが大統領に就任するやいなや原油価格はする

NY原油価格推移

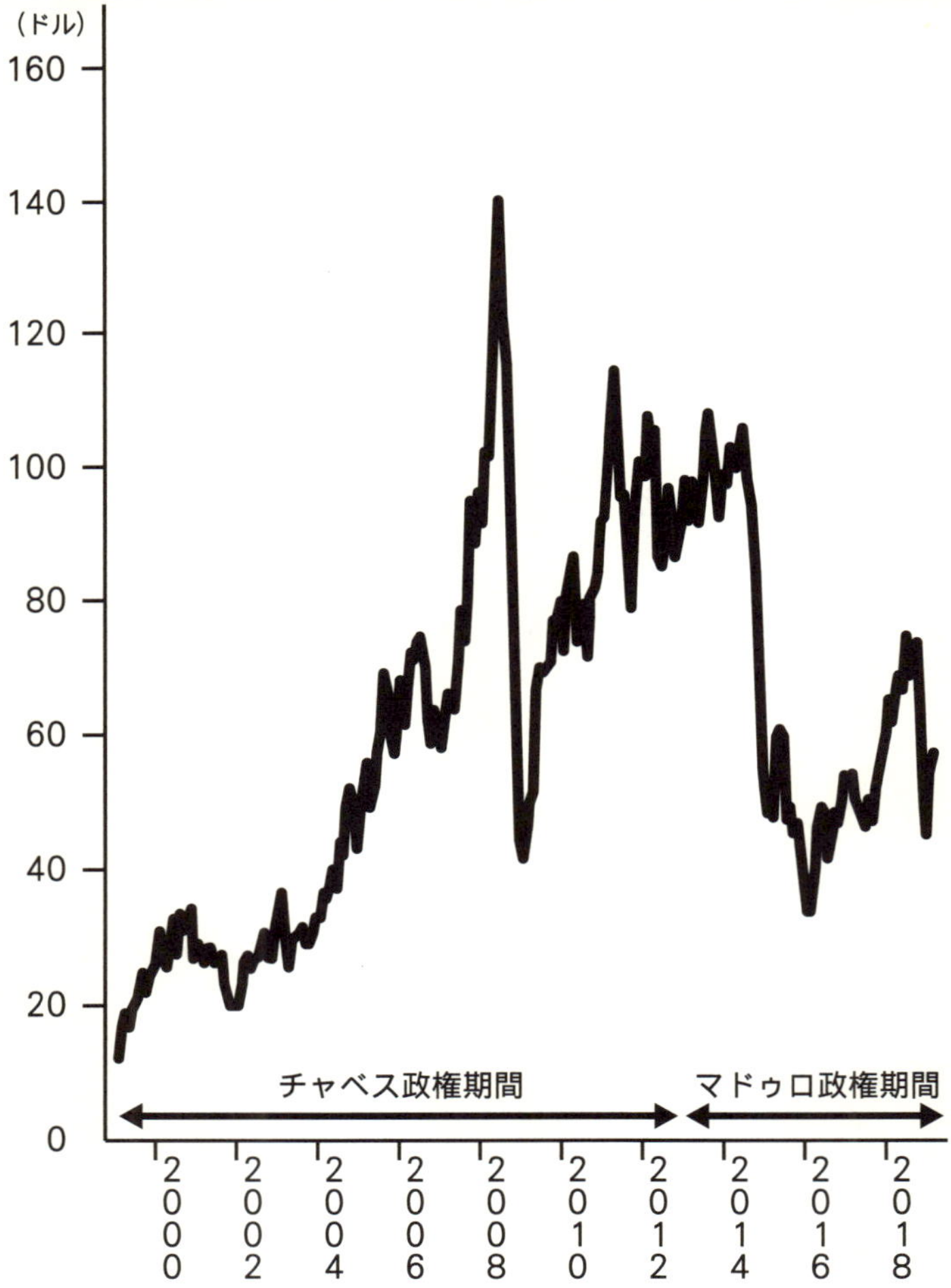

(ドル)
160
140
120
100
80
60
40
20
0
チャベス政権期間
マドゥロ政権期間
2000
2002
2004
2006
2008
2010
2012
2014
2016
2018

ベネズエラの経済成長率と財政収支の推移

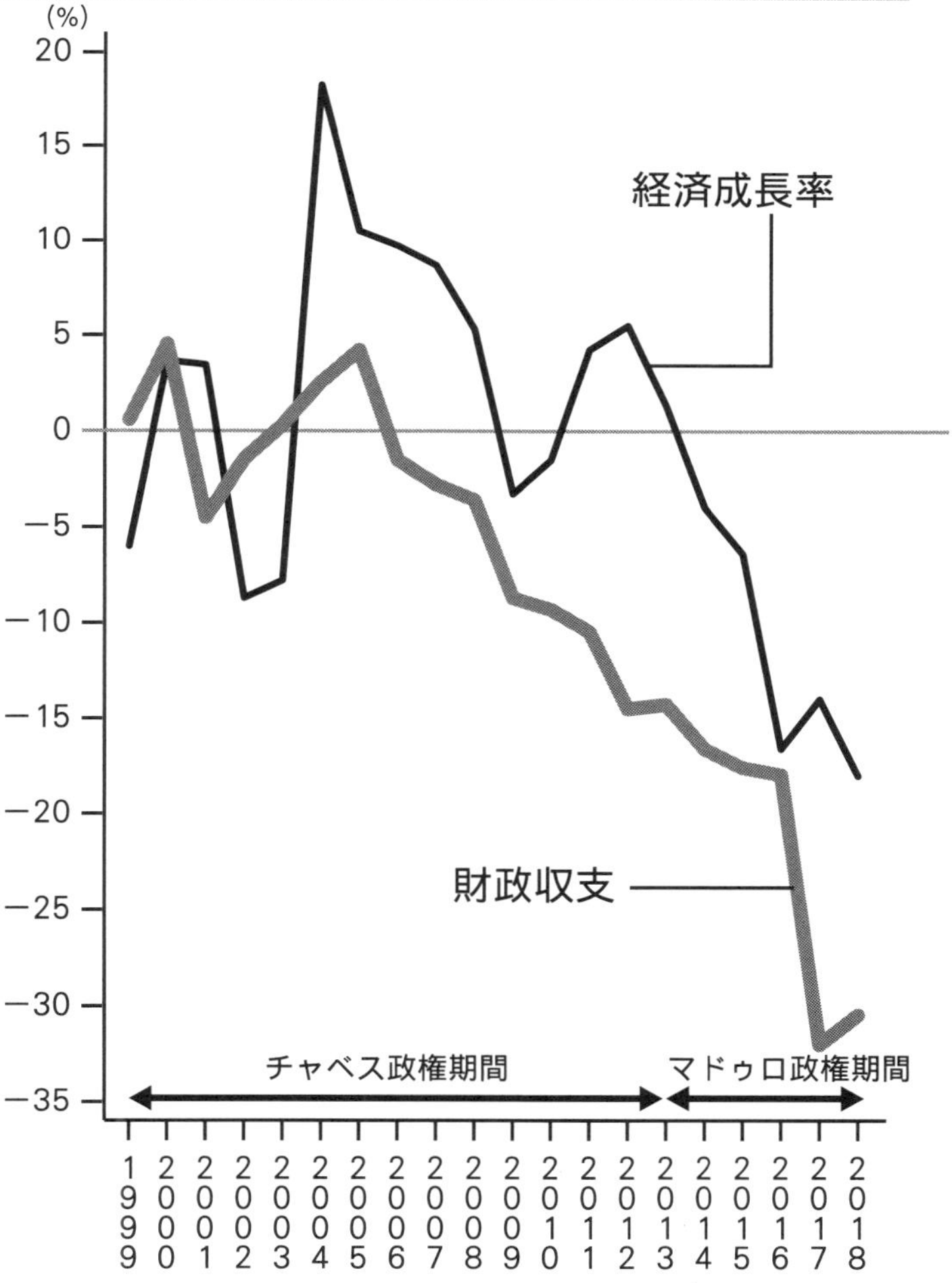

ＩＭＦのデータを基に作成

すると上昇を始めた。特に二〇〇二年以降は上昇に拍車がかかり、二〇〇八年夏には一バレル＝一四〇ドル台という歴史的な高値を付けた。直後のリーマン・ショックにより、原油価格は翌二〇〇九年には一バレル＝三〇ドル台まで暴落するが下落は短期間に留まり、二年ほどで一〇〇ドルを回復している。

このように、一四年におよぶチャベス大統領の在任期間の大部分は原油価格の上昇局面にあり、バラマキの原資には事欠かなかったのである。この点で、チャベスは非常に幸運であったといえる。

チャベスは「二一世紀型社会主義」を掲げ、経済に対する政府の介入を強め、市場メカニズムを無視する政策を推し進めた。民間企業を次々と接収、国有化していった。その数はチャベス政権下で一〇〇〇件を超えるという。また、貧困層の生活を支えるために為替相場への介入を強め、価格を統制した。食糧や日用品、医薬品などを中心に公定価格を低く設定した。

市場メカニズムを無視したこれらの政策は、国内企業の経営効率と生産性を著しく低下させた。国有化されるリスクを警戒し、企業の投資、生産意欲は減退した。また、採算を度外視した公定価格の設定も企業の投資抑制、生産縮小を招いた。その結果、モノ不足からインフレが深刻化して行った。

それでも、ベネズエラ経済が内包していた矛盾や歪みが噴出することはなかった。原油高が問題の顕在化を抑えていたからだ。加えて、その高いカリスマ性もあり、チャベスは比較的高い支持率を維持した。

マドゥロ政権下、破綻に向かうベネズエラ

大統領選に勝利してわずか二ヵ月後の二〇一二年一二月、チャベスは自身のガン再発を発表した。そして、今後もしも職務の遂行が不可能になり、大統領選が実施される場合には、副大統領のニコラス・マドゥロに投票するよう国民に呼びかけた。

実質的な後継者指名を受けたマドゥロは、チャベスの死に伴い暫定大統領に就任、二〇一三年四月の大統領選で対立候補を破り、チャベスの後継者として

大統領に就任した。大統領となったマドゥロはチャベス政権の政策を忠実に引き継いだ。チャベス政権末期からベネズエラ経済は、高インフレと景気の低迷に見舞われていた。原油依存からの脱却も一向に進まなかった。

そのような中、原油相場は再び暴落を開始する。原油価格は、マドゥロ政権発足から一年ほどは一バレル＝一〇〇ドル程度と高水準で推移していたが、二〇一四年秋以降、原油相場は一気に崩れた。二〇一五年一月には四〇ドル台を付け、さらに二〇一六年一月には二〇ドル台まで沈むというすさまじい暴落であった。

この容赦のない原油の暴落により、ベネズエラ経済はいよいよ危機的な状況へと突入する。マドゥロは価格統制を強化し、その対象をほぼすべての消費財に拡大した。小売業者に対し低価格での販売を命じたため企業倒産が相次ぎ、その結果、物資の不足に拍車がかかった。人々は、統制後の価格で商品を購入するために何時間も並ばなければならなくなった。当然、公定価格の何倍もの値段で取引される闇市が賑わう。スーパーなどで安く売られている商品を買い占めて、それを闇市で高値で売る人たちも増えた。

密輸（不正輸出）も横行した。公定価格で安く買った商品を、コロンビアなど外国で転売すれば儲かるからだ。ベネズエラは食糧の多くを輸入に依存している。ベネズエラ政府は外国から買い付けた食糧を、貧困層のために国内で安く売る。当然、赤字になる。その赤字を穴埋めするのが原油収入というわけだ。その貴重な食糧を安価で買った一部のベネズエラの人たちが、密輸や闇市でせっせと高値で売りさばいているのだ。

このような構図により、食糧不足、モノ不足は悪化の一途をたどった。原油価格暴落により原油収入が減少する中、財政赤字も拡大して行った。

そして、ついにハイパーインフレに火が着く。物価は見る見るうちに上がって行き、インフレ率は瞬く間に一〇〇％、一〇〇〇％、一万％と上昇して行った。ベネズエラ議会が発表した二〇一八年一二月のインフレ率は、一六九万八四八八％であった。物価が、一年間で約一万七〇〇〇倍になるという状況だ。

国内経済の混乱を受け、政府も次々に「改革」を実施した。

二〇一七年一二月には、石油資源に裏付けられた仮想通貨「ペトロ」の導入を発表した。仮想通貨ブームに沸き、代表的な仮想通貨「ビットコイン」が史上最高値を付けた時期だ。アメリカによる経済制裁の回避を狙ったものだが、成功には程遠い状態だ。ロイターによると、「四ヵ月間にわたり、仮想通貨や油田査定の専門家一〇人以上に取材し、政府が原油が眠ると言う場所に足を運び、ペトロの電子取引記録を調査した。明らかになったのは、仮想通貨ペトロの存在を確認するのは困難ということだった。ペトロの取引が活発に行われているという証拠はほとんど見当たらなかった。主要な仮想通貨取引所では売買されておらず、ペトロによる支払いを受け付ける店もなかった」（英ロイター二〇一八年九月五日付）という。

二〇一八年八月には、インフレに対応するため、通貨「ボリバル」を一〇万分の一に切り下げるデノミを実施した。通貨単位を五桁切り下げ、一〇万ボリバルを一「ボリバルソベラノ」に交換することが決まった。当初は一〇〇〇分の一の切り下げを予定していたが、インフレのペースに追い付かず、切り下げ幅の拡大に追い込まれた。ベネズエラのインフレが、いかにすさまじい勢いで進行しているかがわかる。このデノミに合わせ、最低賃金を三五倍の水準に引き上げることも発表された。

政権への不満が高まる中、マドゥロはあらゆる手段を使って反政府勢力を押さえ付けてきた。野党が多数を占める議会で作られた法律は、政権が実質的に支配する最高裁で違憲判決を下し無効化された。政府を批判する者は、警察の特殊部隊「ＦＡＥＳ」が容赦なく殺害する。ＦＡＥＳは、二〇一七年にマドゥロが創設した武装特殊部隊で、実質的な暗殺組織だ。全身黒ずくめの姿は、市民に「死の部隊」として恐れられている。

多くの国民は生活に困窮し、すでに三〇〇万人を超える人たちが、近隣のコロンビアなど国外に脱出した。治安も極度に悪化した。殺人事件の発生件数は人口一〇万人当たり一〇〇件を数え、首都カラカスは「世界一危険な首都」と呼ばれる。

ベネズエラはなぜ国家破産したのか？

ベネズエラの原油埋蔵量は世界一である。これほど恵まれた資源を持ちながら、ベネズエラは国家破産した。いや、豊富な資源があるからこそ、国家破産したと言った方がよいかもしれない。

同じ産油国でもノルウェー、サウジアラビア、クウェートなどは政府系ファンドと呼ばれる基金を設立し、将来に備え巨額の資金を貯めこんでいる。しかし、ベネズエラは巨額の石油収入をひたすらバラ撒いた。原油価格が高止まりしているうちは問題は覆い隠されていたが、原油価格が暴落すると収入が激減し、一気に苦境に陥った。

財政赤字が膨張する中、ベネズエラ経済の心臓部である石油施設への投資は疎かになった。既存の石油施設は老朽化し、新規の油田開発も進まず、技術者は流出した。その結果、原油価格が回復しても原油生産は増えず、経済は一向に好転しないという状況に陥ったのである。要は、豊かな収入がありながら、適切な使い方ができなかったのだ。

逆説的にはなるが、ベネズエラに石油がこれほど豊富に存在しなかったなら、国家破産などせずにすんだのかもしれない。少なくとも、巨額の収入を湯水のごとく使い、国民の歓心を買うためにバラマキに費やすことはできなかったはずだ。巨額の原油収入という、最大の強みが仇になってしまったわけだ。

「国家破産に至るまでのベネズエラの状況は、わが国に似ている」と言ったら言い過ぎだろうか？　日本では石油がほとんど採れない。そのため、日本は知恵を絞り、技術を磨き、工業力を高め、一時はアメリカを脅かすほどの経済大国に上りつめた。しかし、豊富な税収をバラマキに費やした結果、世界最悪の財政状況に陥り、やはり国家破産の危機に直面している。

政策を間違えれば、国家はいとも簡単に破産する。ベネズエラの状況は、日本にとっても決して他人事ではないのである。

第三章

一〇〇〇万%のハイパーインフレで
スーパーには食べ物が何もない生活

コーヒーの値段が一八〇〇万円だったら

——二〇一七年二月二二日、あるカフェでミルク入りコーヒーを頼んだ時、一杯の値段はたったの二〇〇円だった。しかし、その一年後の二〇一八年二月二八日、また同じ店でその一杯を買うのに店員から提示されたのは五〇〇〇円。二五倍にもなっている。さらに、もう一年後の二〇一九年二月二三日にコーヒーを買おうとすると、店員から要求された額は驚愕の一八〇〇万円だった。たった一年で三六〇〇倍も値上げされたのである（二年だと九万倍!!）。

こんな事態を想像してみて欲しい。誰でも混乱状態に陥るだろう。しかし、こうしたことが実際にベネズエラで起きたのだ。

米ブルームバーグは、ベネズエラのインフレ状況を独自に計るため、同国の首都カラカス東部にあるベーカリーのミルク入りコーヒーの値段を定期的に監視している。ベネズエラ当局がインフレ率の公表を拒否しているためだ。この

「カフェ・コン・レチェ（ミルク入りコーヒー）指数」は、消費者物価指数よりも正確性で劣るとされるものの、ベネズエラ国民が愛する（毎日飲む）ミルク入りコーヒーの値段を定点観測しているため、国民が肌で感じている物価上昇を窺い知ることができる。

ところで、冒頭のたとえ話は通貨を円で表示しているが正確を期すと、二〇一七年二月二二日のミルク入りコーヒー一杯の値段は〇・〇二ボリバル、これが二〇一八年二月二八日に〇・五ボリバルとなり、二〇一九年二月一三日には一八〇〇ボリバルとなった。また、この間に五桁のデノミが実施されているため、旧ボリバルで換算する場合はこれらの数字にゼロを五つ足す。二〇一九年二月一三日の値段は一八〇〇〇〇〇〇〇旧ボリバルといった具合だ。これでも米ドルに換算するとわずか〇・五ドルとなる。

ちなみに、ブルームバーグの外にもＩＭＦ（国際通貨基金）などの機関が独自にインフレ率を公表している。ＩＭＦ算出の二〇一九年の予想インフレ率（年率）は空前の一〇〇〇万％だ。年率一〇〇〇万％というと年間で物価が一〇万倍となり、一時間ごとでも一一四〇％上昇となる。想像するのがちょっと難しいが、一時間で物価がおよそ一一倍になるイメージだ。

お金の量が多すぎて買い物ができない

ベネズエラの状況を簡単におさらいしよう。二〇一八年、同国では約一七・五日ごとに物価が二倍になり、殺人発生率は世界一位で毎日（平均）七三人が殺され、毎日（平均）五〇〇〇人が国外に脱出している。残った人も、体重が平均して一〇キロ（年間）減った。そして不名誉なことに、世界でもっとも危険な一〇都市には、ベネズエラから四つの都市がランクインしている。

本稿執筆時点（二〇一九年三月下旬）では政変が起こりそうな雰囲気に突入しているが、依然として予断を許さない。最悪の場合は内戦に突入するかもしれず、とりわけベネズエラ国民を取り巻く環境は一向に改善する気配はなく、食糧をはじめとする物不足の深刻度は、まさに断末魔の段階だ。

世界最大の埋蔵量を誇る原油に外貨収入の九割以上を頼ってきた同国は、その外貨を用いて国外から食糧や医薬品の多くを輸入してきた。しかし、二〇一四年の原油価格の暴落に伴って外貨収入が激減。外貨の枯渇が物資の枯渇に直結し、ありとあらゆる生活必需品が長期間にわたって不足し続けている。しかも、財政赤字を穴埋めするためにニコラス・マドゥロ政権が不換紙幣を刷りまくったため、通貨価値が米ドルに対して急落。二〇一六年頃から本格的に悪性インフレが猛威を振るうようになった。

五桁のデノミが実施された二〇一八年八月二〇日の直前には、買い物をするのにも想像を絶する量の紙幣が必要になったのである。一六一ページの図をご覧いただきたい。これは英ロイターが「超インフレ国の買い物事情」（二〇一八年八月一七日付）と題して報じた、デノミ直前の買い物の様子をイラストにしたものである。まず、二・四キロの丸鶏の値段が一四六〇万ボリバル（当時。以下同）。日本円にして約二五〇円。トマト一キロが五〇〇万ボリバル（約八四円）、トイレットペーパー一個が二六〇万ボリバル（約四四円）。そして米一キロが二五〇万ボリバル（約四二円）といった具合だ。

一見しただけで、掲載したすべての商品を買うのにはすさまじい量の紙幣が必要だとわかるが、ロイターによると、ほとんどの商取引は販売端末を使ってのデビットカードで行なわれていたという。しかし、ベネズエラでは銀行口座を持たない低所得層の人たちも少なくなく、そうした人たちはデノミが実施されるまで買い物に大量の紙幣を持ち歩いたようだ。

ちなみに、チーズ一キロ（一・一四米ドル）を買うのに必要とした紙幣の数は一〇〇〇ボリバル紙幣で七五〇〇枚。冒頭の例から想像してみるとわかるが、コーヒー一杯を買うのに一八〇〇万円も用意しなくてはならないのだ。体力のない年配の方や子供が買いに行くのは、無理なレベルと言える。

インフレ沈静化のための政策が失敗

インフレを沈静化しようと、マドゥロ政権は二〇一八年八月に旧ボリバル紙

買い物には膨大な札束が必要になった

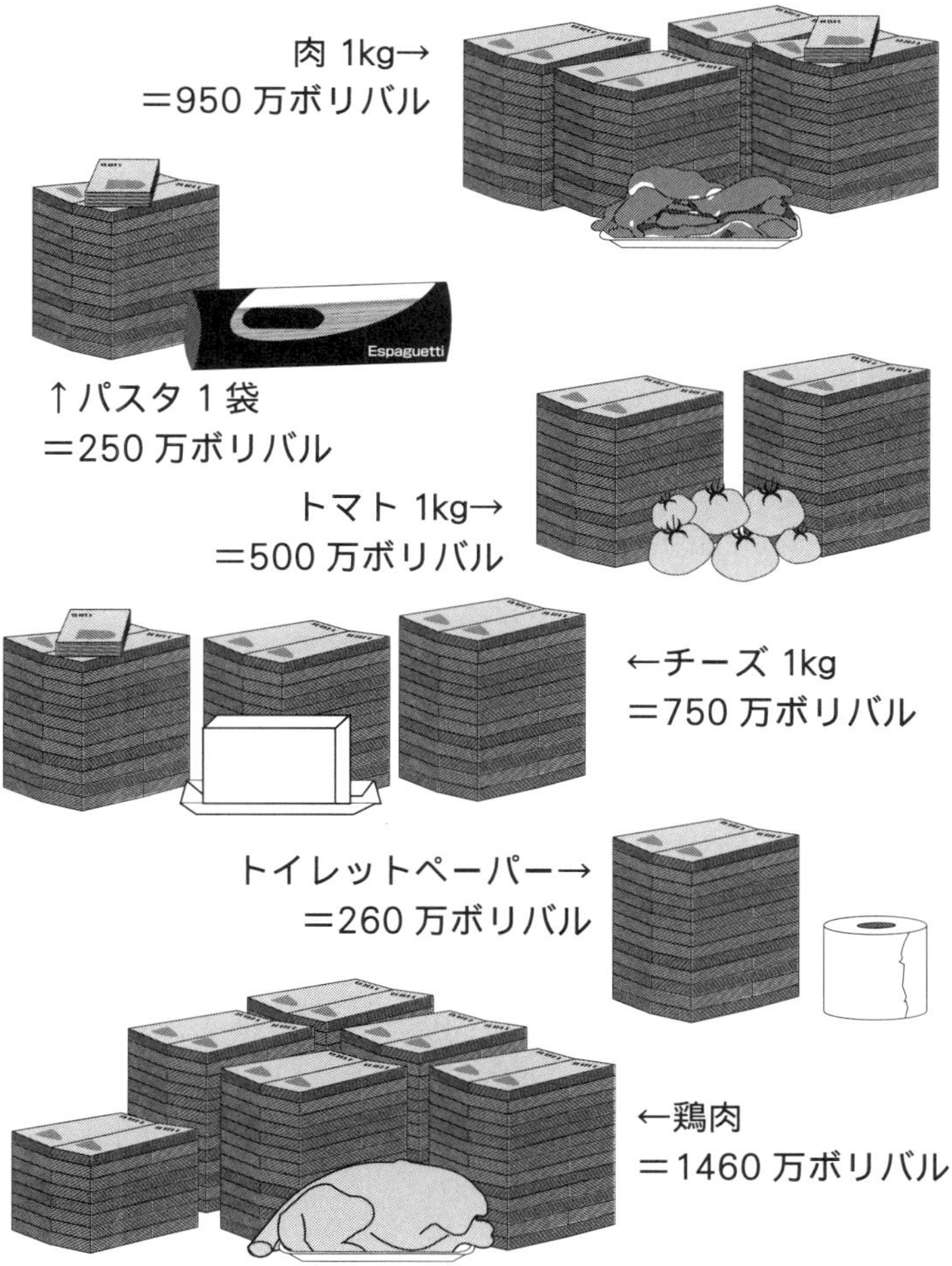

幣からゼロを五つ取るデノミを実施し、名目上のインフレ率を九〇％減少させようとしたが、結果的にこのデノミはまったく効果を発揮しなかった。

ベネズエラ政府は、新たに発行したボリバルソベラノという紙幣を、政府が支援する仮想通貨ペトロにペッグ（価値を固定させ）させ、ひいては紙幣の価値を安定させると謳ったが、ちんぷんかんぷんな制度と仕組みであったため、ほとんどの国民が理解できず（というより信じてもらえず）、極度の混乱が生じてしまった。そもそも仮想通貨ペトロは、同国の原油埋蔵量に裏打ちされているというがその正体や仕組みは明らかにされず、アメリカ政府などは同コインを「詐欺」だと罵った。

あまりにちんぷんかんぷんな政策であったため、デノミの翌日には商店のほとんどが休業し、ベネズエラの経済活動は完全にマヒ状態に陥った。とんでもない為政者を持ったが故の悲劇という外ない。

マドゥロ政権はデノミと同時に、一ペトロ＝六〇米ドル＝三六〇〇ボリバルソベラノと新たな公式レートを採用したが、米ブルームバーグ（二〇一八年八

過去30年間のハイパーインフレ上位15事例

		ピーク年	ピーク時の前月比上昇率（%）	物価が２倍になる日数（日）
1	ジンバブエ	2008	796億	1.03
2	ユーゴスラビア	1994	3.13億	1.41
3	スルプスカ	1994	2.97億	1.41
4	アルメニア	1993	438	12.5
5	トルクメニスタン	1993	429	12.7
6	ペルー	1990	397	13.1
7	ボスニア・ヘルツェゴビナ	1992	322	14.6
8	ウクライナ	1992	285	15.6
9	ニカラグア	1991	261	16.4
10	コンゴ	1993	250	16.8
11	ロシア	1992	245	17.0
12	ブルガリア	1997	242	17.1
13	モルドバ	1992	240	17.2
14	ベネズエラ	2016	219	17.9
15	ジョージア	1994	211	18.6

スティーブ・H・ハンケ教授らの論文を基に作成

戦利品をかかえて
家路を急ぐ主婦。

食糧を求めて延々と並ぶ人々。しかし、何時間待っても本当に食糧が手に入る保証はない。

スーパーに食糧が入荷したといううわさを聞きつけて殺到し、商品を奪い合う主婦。

月二三日付）によると、闇相場では即座に暴落を開始した。瞬く間に一ドル＝一〇〇ボリバルソベラノを付ける市場が出るなど、当初から信頼はゼロ。

そもそも、国民が新紙幣をＡＴＭ（現金自動預払機）から引き出そうにも、一日の引き出し上限が一〇ボリバルソベラノ（〇・一七米ドル相当）のみであった。お金が流通しておらず手元に現金もないので、ほとんどの国民が家に引きこもり、街から人気が消えたのもうなずける。

「食糧危機の状態ではない」と主張

ベネズエラ政府による〝失政〟は何もこのデノミに限ったことではない。同国では、笑うに笑えないとんでもない政策が相次いで実施されてきた。

まず、二〇一七年に九月に同国の農業相が発表した「ウサギ計画」なるもの。これは、ベネズエラ政府が慢性的な食糧不足への対応として呼びかけたものだが、ウサギを国民に配ってその繁殖力を利用してウサギを繁殖させ、食糧にしようというものだ。

しかし国民は、ウサギをペットとしてかわいがってしまい、食糧にしようとしなかった。マドゥロと同国のベルナル都市農業相はテレビ演説で次のように訴えることになった――「われわれは、ウサギはかわいいペットと教えられてきているため、文化的な問題がある。ウサギはペットではなく、二・五キロの高たんぱくでコレステロールのない肉だ」（英ロイター二〇一七年九月一五日付）と。

二〇一三年に大統領に就任したマドゥロは、酪農やコーヒー、肥料、靴などの生産、スーパー・マーケットなどの事業をすべて国有化し二〇一四年の後半から食糧は配給制としたが、食糧の大半を輸入に頼っていることもあり（そして外貨収入が枯渇したため）、食糧不足が常態化したのである。

それでも現地調査によると、二〇一三年頃にはベネズエラ国民は一日に三〜四回の食事にありつけていた。それが二〇一六年になると三割の国民が一日に二回しか食事できないなど、食糧事情が急速に悪化したことがわかる。

投資銀行のトリノ・キャピタルのデータを引用した米ウォール・ストリー

ト・ジャーナルによると、ベネズエラの経済はマドゥロ就任の二〇一三年から二〇一七年までにおよそ二七％も縮小。食糧輸入は七割も減った。

二〇一七年になると、同国の動物園から〝盗難〟が相次いでいるとの報道が頻繁になされるようになる。現地からの報道によると、これは食用と転売目的の盗難である可能性が高い。また、同年からは子供たちが街中のゴミ箱をあさる光景が散見されるようになった。それでもマドゥロは「食糧不足はフィクションだ」と言い続け、この主張は現在でも続いている。

ちなみに食糧危機を頑なに否定し続けるマドゥロ政権は、国外からの支援を受け入れた試しがない。まさに、悲劇中の悲劇だ。国民の苦労は計り知れない。

通貨の価値は下がり止ることを知らず、そして食糧輸入も減り続ける状況下で、一部の国民は物々交換に一筋の光を見出した。

「ハイパーインフレに苦しむ南米ベネズエラでは、慢性的に不足する食料や医薬品と同じように現金の入手も難しく、市民は日用品を得るために、物々交換に頼る場面が増えている」（英ロイター二〇一八年七月五日付）。ロイターが取材に赴いたのは、ベネズエラ北部の町・リオチコ。先ほどベネズエラの商取引はデビットカードを用いたものが多いと述べたが、リオチコのような地方だとカード決済に対応していない店が多い。また首都カラカスでさえも、非正規に営む小売店などは銀行サービスやＰＯＳ（販売時点情報管理）端末へのアクセスがなく、紙幣が常に不足していることもあり、対価を物で受け取ることを好むという。

リオチコでは、漁師やバイクタクシーの運転手、はたまた散髪屋までもが物々交換によって何とかハイパーインフレ下でも生活している姿を、ロイターは記していた。物々交換では、食糧をはじめ医薬品などありとあらゆる生活必需品が交換の対象となっているが、米ウォール・ストリート・ジャーナル（二〇一八年二月七日付）の現地取材によると、食材ではたんぱく質、中でも卵がもっとも好まれるという。

また、ベネズエラでは物々交換の他にもキャッシュレス決済や仮想通貨による決済が急速に普及したが、とりわけ普及しているのが「トパゴ」や「ビッポ」

少年は学校も行かずに毎日家族の飲み水を運び続ける。

第3章　1000万％のハイパーインフレで
　　　　スーパーには食べ物が何もない生活

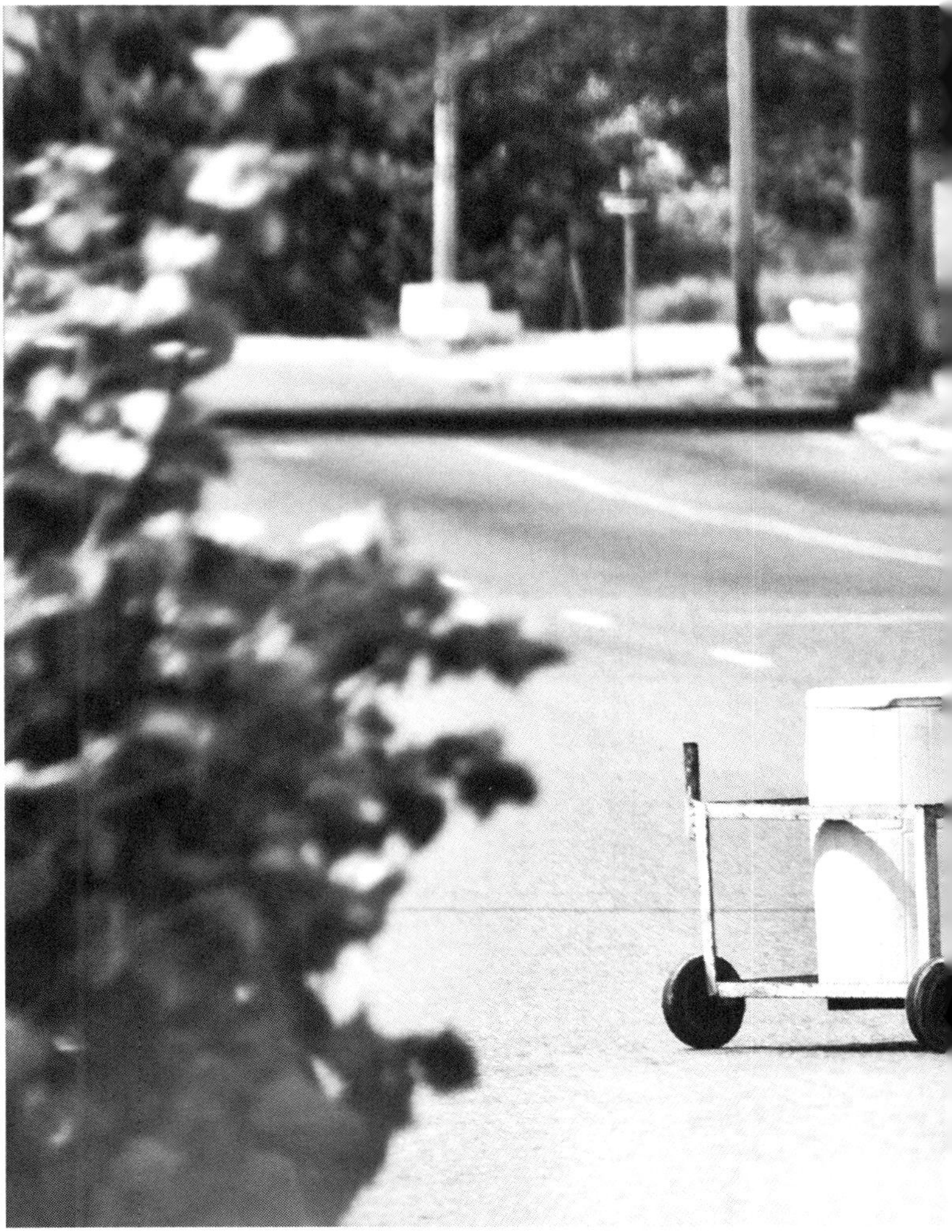

炎天下でも水運びの重労働は続く。

人々は谷底の川から必死で水を汲み上げてくる。

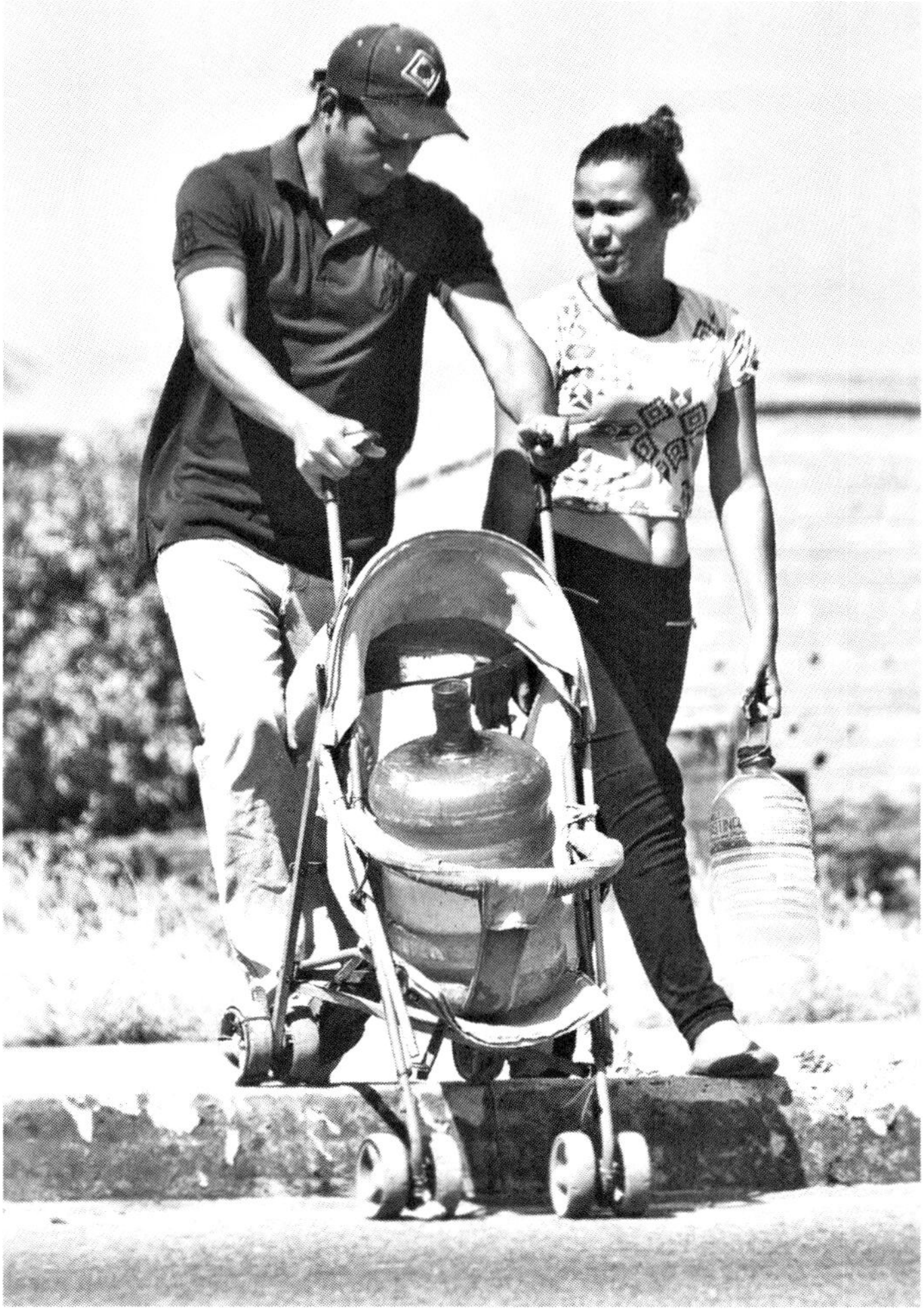

若いカップルも乳母車に水用の大きなポリタンクを積んで運んでいる。
このような状態では安心して子供も産めない。

といったモバイル決済アプリである。また、ビットコインに代表される仮想通貨の普及率も驚くほど高い。

それもそのはずで、前述したように二〇一八年八月のデノミ以前には少ない買い物に大量の紙幣が必要であったし、その上一日にATMから引き出せる上限は一万ボリバル、日本円にしてたったの四〇円のみ（後に引き出し上限が二万ボリバルに上がったようだが、それでも価値が下がり日本円にして二八円）である。これでは買い物もままならない。そのため、デビットカードに加えモバイル決済アプリや仮想通貨が普及したのだ。多くのメディアが、キャッシュレス決済を「陰の勝者」だと皮肉っている。

ちなみにモバイル決済アプリは銀行口座が必要のようだが、前述したようにベネズエラでは口座を持っていない人も多く、そうした人たちは銀行を介さない仮想通貨での決済に走った。米ニューズウィーク誌（二〇一八年一月二九日号）によると、ベネズエラやトルコ、キプロス、アルゼンチン、ロシア、ナイジェリアなど法定通貨の価値が不安定な国における人口当たりの仮想通貨の普

料金受取人払郵便

神田局
承認

4719

差出有効期間
平成32年5月
31日まで

[切手不要]

郵便はがき

101-8791

503

千代田区神田駿河台2−5−1
住友不動産御茶ノ水ファーストビル8F
株式会社 第二海援隊 行

お名前	フリガナ	男・女	年　月　日生　歳
ご住所	〒		
TEL		FAX	
e-mail			
ご購読新聞		ご購読雑誌	

ご記入いただいた個人情報は、書籍・レポート・収録CD等の商品や講演会等の開催行事に関する情報のお知らせのために利用させていただきます。

郵 便 は が き

料金受取人払郵便

神田局
承認

5304

差出有効期間
2021年3月
31日まで

[切手不要]

101-8791

503

千代田区神田駿河台2-5-1
住友不動産御茶ノ水ファーストビル8F

㈱第二海援隊
「ベネズエラ・アルゼンチン
国家破産講演会」担当 行

ベネズエラ・アルゼンチン国家破産講演会 参加申込書

お名前	フリガナ	男・女	年 月 日生 歳
●送付先住所をご記入下さい			●参加人数
ご住所	〒		名
TEL		FAX	
e-mail			

ご記入いただいた個人情報は、書籍・レポート・収録ＣＤ等の商品や講演会等の開催行事に関する情報のお知らせのために利用させていただきます。

《お問い合わせ先》 ㈱第二海援隊 担当：齋藤
TEL：**03-3291-6106** ／ FAX：**03-3291-6900**
URL http://www.dainikaientai.co.jp e-mail info@dainikaientai.co.jp

及率は、いずれも世界でトップクラスである。

一七七ページの図をご覧にいただければ一目瞭然だが、二〇一四年頃から火が点いたベネズエラのインフレ下での買い物は容易ではない。紙幣の不足、そして生活必需品の不足、どれをとってもかつてのハイパーインフレの例と比べて遜色ないばかりか、深刻さはトップレベルではないだろうか。

冒頭で手記を掲載した小谷孝子さんが言うには、状況があまりにめまぐるしく変化するので、時系列できちんと覚えていられないほどで、物を集めるのに必死だったという。インフレが顕在化し始めた二〇一四年あたりから、自身の周囲も含め、缶詰や食用油、パスタや燃料など、買い溜めできる物はありとあらゆる物を買い込んだというが、それでもある時点からスーパーからは物がすっかりなくなり、自給自足に近い生活を余儀なくされたようだ。

そんな彼女が、何より憤りを隠せないことがある。それは、政権側など一部の人間が国民の凄惨な状況の裏で常に物に囲まれ、裕福な生活を送っていることだ。私も話を聞いたが、まさに鬼畜の所業と言える。

私の取材源である現地のアナリストは、「この国には、四種類のベネズエラ人が存在する。一番目はドルで儲けることができる人たち。二番目はドルを生み出すことはできないが海外に口座を持ち、必要な時だけ使うことができる人たち。三番目はドル収入もなく、海外口座もないが海外からの仕送りをもらっている人たち。そして最後は、ドルにアクセスできず、仕送りもない人たちだ。この最後の人たちは全体の六八%を占めており、貧困に陥っていて配給に頼っている」と指摘したが、私はこれにもう一種類、すなわち最上位の一%に位置する既得権益層の存在があると特筆したい。国民を飢えさせておきながら、自分たちは何不自由ない生活を送っている連中だ。

「インフレは、常に、そしてどこででも政治的な現象である」と、米プリンストン大学で歴史学の教授を務めるホラルド・ジェームズ氏は言ったが（ヘリコプター・マネーの提唱者として名高い経済学者ミルトン・フリードマンが残した「インフレは、常に、そしてどこででも貨幣的な現象である」という言葉をこのように言い換えている）、今回のベネズエラのインフレ危機は、ジェームズ

ベネズエラのインフレ率

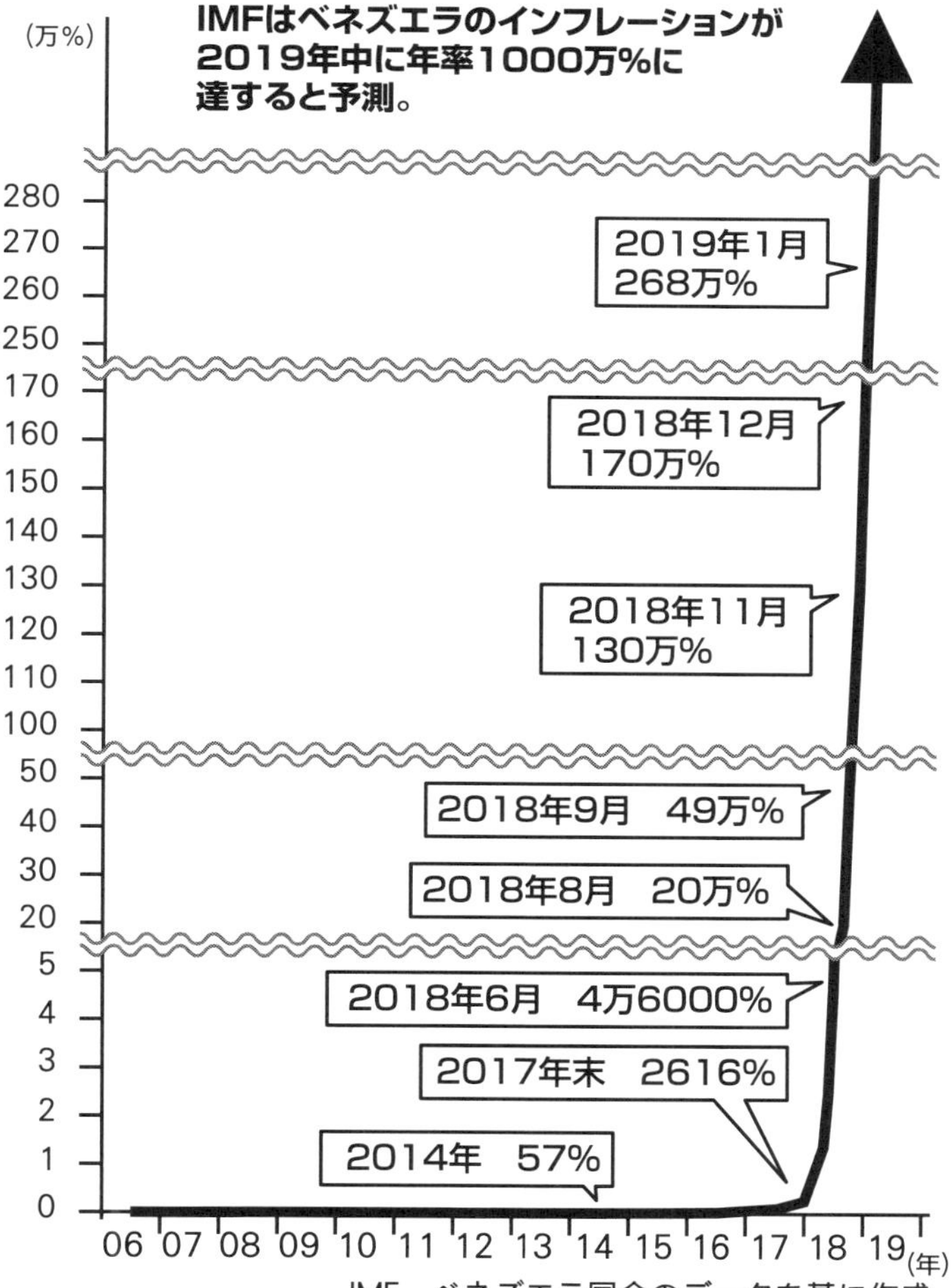

IMF、ベネズエラ国会のデータを基に作成

教授も真っ青になるほど、歴代の中でも最悪の部類に入ると言えよう。

私はかねてから、自国政府を過度に信用せず、常にリスク分散を心がけるよう自分で保全することを説いているが、ベネズエラ国民の惨状は自己責任の議論を通り越し、極めて劣悪な為政者のせいで深刻な人道危機に発展していると断言したい。

次章では、ベネズエラ国民、とりわけ子供たちが置かれた惨状に目を向けて行きたい。

第四章　サンタの来ないクリスマス

――疫病でどんどん死んで行く子供たちの惨状

生後一五ヵ月でも新生児と同じ体重

二〇一九年二月一四日、ＡＦＰ通信のニュースが世界に衝撃を与えた。そこに映し出されていたのは、死の淵をさまよっていた生後一五ヵ月のサムエルちゃん。栄養失調を患っており、体重は新生児と変わらない。見るからに痩せこけており、映像を正視できないほどに痛々しい。

報道を統合すると、食料品を含む生活必需品の不足が深刻化し始めた二〇一六年、二〇一七年、二〇一八年にベネズエラ国民はそれぞれ平均して八キロ、一一キロ、一〇キロの体重を減らした。調査機関やサンプル数は年ごとに違うため、確度は高くないかもしれないが、ベネズエラ国民が過去三年の間に相当な量の体重を減らしたことだけは間違いない。

ベネズエラ国内の大学三校の調査によると、貧困率は二〇一四年の四八％から二〇一六年には八二％と急増し、二〇一七年には九〇％にまで増え、それと比例するかのように栄養失調を患う人たちが続出している。特に不足しているのが、ビタミンとたんぱく質だ。

過去五年にわたってハイパーインフレと深刻な食糧不足に苦しむベネズエラの過酷さは、前代未聞との指摘がある。長年にわたってインフレが猛威を振るうケースは新興国では珍しくないが、ベネズエラの場合は度重なる失政もたたり、食糧不足の度合いはもはや人道危機と呼ぶに相応しい。

内戦を除けば、飢餓レベルの食糧不足がこれほど長期にわたって続いた例は、確かに存在しないかもしれない。かのジンバブエでも、ここまでの飢餓は起こらなかったはずだ。特に、国の将来を担う育ち盛りの子供たちへの影響が深刻である。米ＣＮＮ（二〇一九年一月二九日付）の取材に答えた一四歳の少女は、「家族の食事の足しとするために、『落ちているものを拾ったり、物乞いをしたり、一片のチキンの皮を家に持ち帰る』」と答え、次に衝撃的な言葉を発した——『兄弟が去年七月、ギャングに殺された』『突然姿を消して、川の中で遺体が見つかった』」。一緒にいた年上の二人の少年は、プラスチックのナイフを使って自衛の練習をしている。

今からおよそ二年前の米ウォール・ストリート・ジャーナル（二〇一七年五月九日付）はこう伝えていた――「カリタス（カトリックの慈善団体）がヤーレ（ベネズエラのシモンボリバル市内のある地区）など四つのコミュニティーで五歳未満の子供八〇〇人を対象に行った最新の調査によると、死に至る可能性のある重症の急性栄養失調に苦しむ子供は今年二月の時点で全体の一一％近くに上り、一〇月の八・七％から急増した。またおよそ五人に一人の子供が成長の阻害を引き起こす慢性的な栄養失調状態にあるという」。記事はさらに、その時点でベネズエラの状況は世界保健機構（ＷＨＯ）の「政府による緊急援助の手配が必要とする危機」に相当すると指摘。しかし、「ベネズエラに栄養失調の子供はいない」と主張するマドゥロは、国外などからの支援を受け入れようとしないと伝えた。

また、同年の一二月一七日付の米ニューヨーク・タイムズはベネズエラの特集である家族の出来事を伝えている。

ケンイエルベル・アキノ・メルチャンは、生後一歳五ヵ月で餓死した。父親が夜明け前に家を出て、病院の霊安室に向かった。骨と皮だけのようになった息子の遺体を引き取り、自宅の台所に持ち帰った。そこには葬儀費用を出せないベネズエラの貧困家庭を助けている葬儀師がいて、遺体にエンバーミング処置をほどこしてくれた。ケンイエルベルに防腐剤が注入されると、背骨と肋骨が盛り上がった。親戚の子供たちがそれを珍しがって見ようとするのを、叔母たちが追い払う。弔問客たちは、近くの丘で摘んだ花を手に訪れた。遺族が、食料品の配給に使われる白い段ボール箱を解体して二枚の翼を作り、それを棺の上に添えた。子供の魂が天国に行けるようにするためだ。幼子が死んだときのベネズエラの慣習である。小さな遺体の処置が終わり、弔問客との対面の準備が整うと、父親のカルロス・アキノが泣き崩れた「どうしてなんだよ」。三七歳の建設作業員の父親は、そう嘆いてちっぽけな棺を抱きかかえた。その後、死んだ息子を慰めるように、やさしく語りかけた「パパがお前ともう二度と会えないなんて」。

（米ニューヨーク・タイムズ二〇一七年一二月一七日付）

この記事の写真は極めて衝撃的だが、かの国で何が起こっているのかがよくわかる。

これらの報道からさらなる月日が流れているが、マドゥロはいまだに「自国に栄養失調はない」と主張し続けており、他国の支援を受け入れようとしない。

二〇一八年の年末、ベネズエラの子供たちは人類史上最悪のクリスマスを迎えていた。食べ物がまったくないどころか、飲む水さえないのだ。ましてや、教育を受けるすべもない。人々は「この地球上に神はいないのか」と嘆いていた。その時期、私はすぐ近くのアルゼンチンにいてベネズエラの子供たちのことを思っていた。何とか救済の手を差し伸べる方法はないものかと。

病気の蔓延も深刻化している。ＮＧＯの報告書を引用した二〇一八年一〇月一五日付の時事通信の記事によると、ベネズエラでは二〇一八年までに全体の五五％に当たる二万二〇〇〇人の医師と六〇〇〇人の看護師が国外に脱出しており、ほとんどの人がまともな医療を受けることができない。さらには医薬品の極端な不足により、国民三〇〇〇万人のうち一八七〇万人が医療に接することさえできない可能性があるという。

そのため、栄養失調だけでなくエイズ、肺結核、マラリア、ジフテリア、はしかといった病気にかかる患者が数万人単位で出ている模様だ。ゴミをあさる子供たちが腐った肉を口にしてしまい病気にかかるケースも多々あるという。

優秀な人たちから国を出て行く

国を去る者も後を絶たない。国連によると、今までに三〇〇万人が国を後にし、二〇一九年にはさらに二〇〇万人が移住すると予想されている。住めなくなるほどの深刻な国難が生じた多くの場合、まず真っ先に飛び出すのは技術者などの優秀な人材だ。実は、ベネズエラではマドゥロの師とも言える前大統領

親に捨てられ、路上生活するこの子に未来はあるのか？

第４章　サンタの来ないクリスマス
——疫病でどんどん死んで行く子供たちの惨状

この子たちは夜になってもどこにも行くところがない。

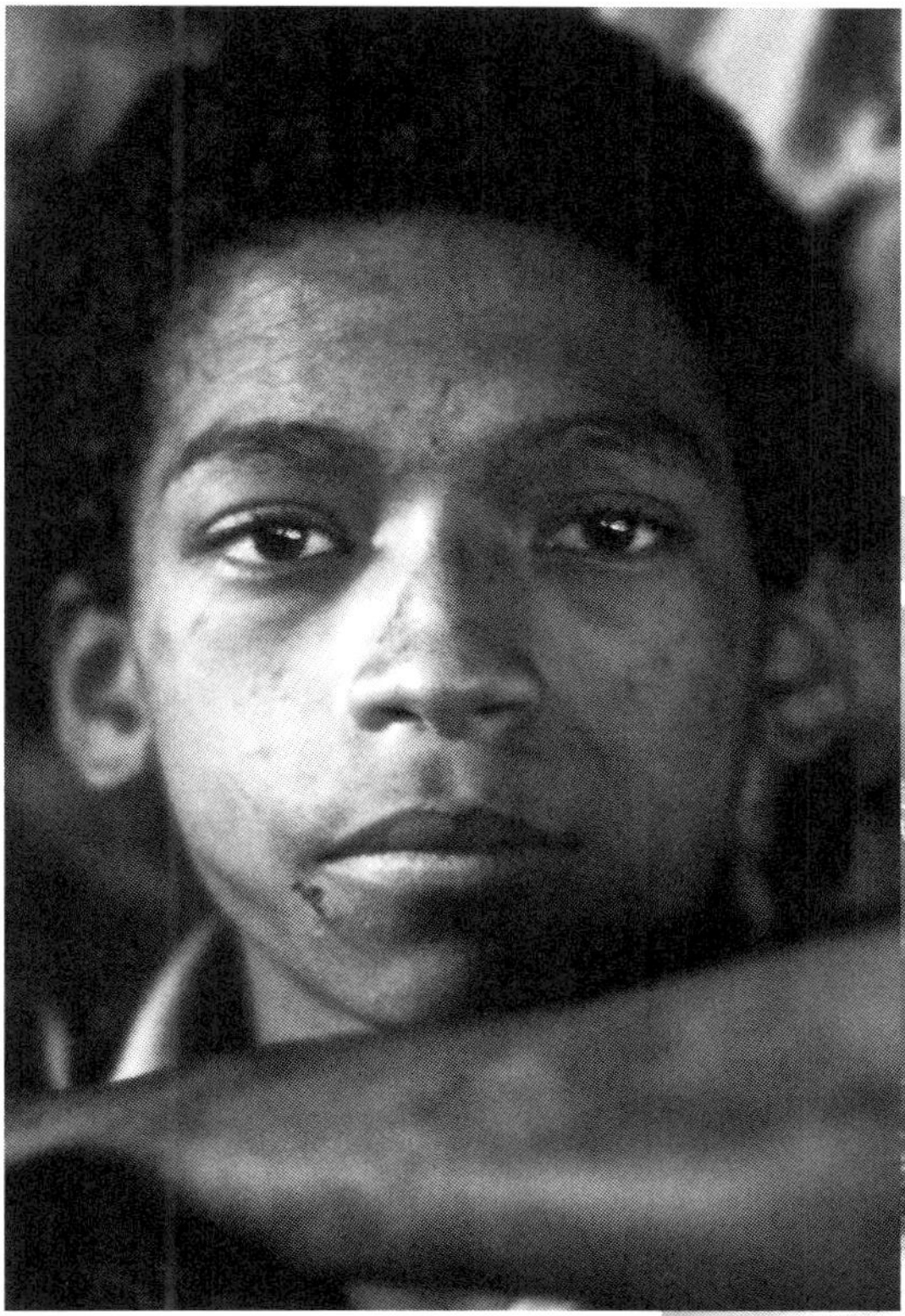

教育も満足に受けられない。

のウゴ・チャベスが政権の座に着いた一九九九年頃から人材の流出は始まっている。そのほとんどが学士、修士、博士で、こうした優秀な人たちはチャベスの時代から始まった社会主義的でポピュリズムに満ちた政治に危機感を抱いたようだ。

「ベネズエラは中南米で最も古い民主主義国家から、米国などに独裁国家と呼ばれる体制に移行し、地域で最も豊かな国の一つから最貧国の一つに落ちぶれ、チャンスを求めて移民がやってくる場所から、大勢が逃げ出そうとする国になった」（二〇一七年一一月一六日付米ウォール・ストリート・ジャーナル）

ギリシャ危機の際も高学歴の若者を筆頭に人材の流出が相次いだが、頭脳の流出は経済の復興を妨げる。仮に体制が移行したとしても、出て行った現場で営みを築いた人たちが戻ってくるかはわからない。

また、第一章で述べたように昨今ではあまりの惨状に国外へ行く人も激増している。生活苦を理由に止むに止まれず犯罪に手を染めてしまう者も少なくない。ＪＥＴＲＯ（日本貿易振興機構）によると、麻薬取引や窃盗といったベネ

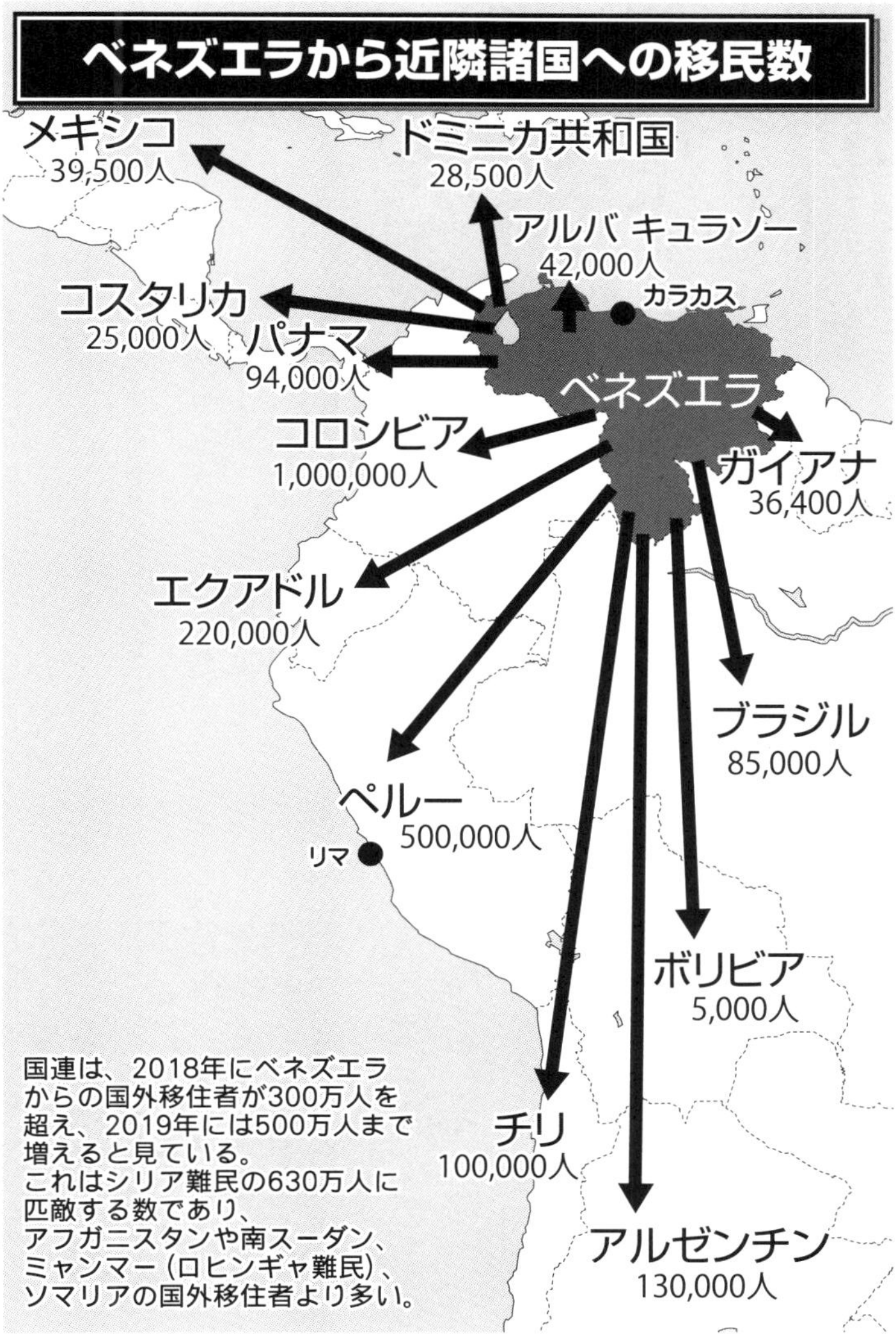
ベネズエラから近隣諸国への移民数
メキシコ
39,500人
ドミニカ共和国
28,500人
アルバ キュラソー
42,000人
カラカス
コスタリカ
25,000人
パナマ
94,000人
ベネズエラ
コロンビア
1,000,000人
ガイアナ
36,400人
エクアドル
220,000人
ブラジル
85,000人
ペルー
500,000人
リマ
ボリビア
5,000人
国連は、2018年にベネズエラからの国外移住者が300万人を超え、2019年には500万人まで増えると見ている。
これはシリア難民の630万人に匹敵する数であり、アフガニスタンや南スーダン、ミャンマー（ロヒンギャ難民）、ソマリアの国外移住者より多い。
チリ
100,000人
アルゼンチン
130,000人

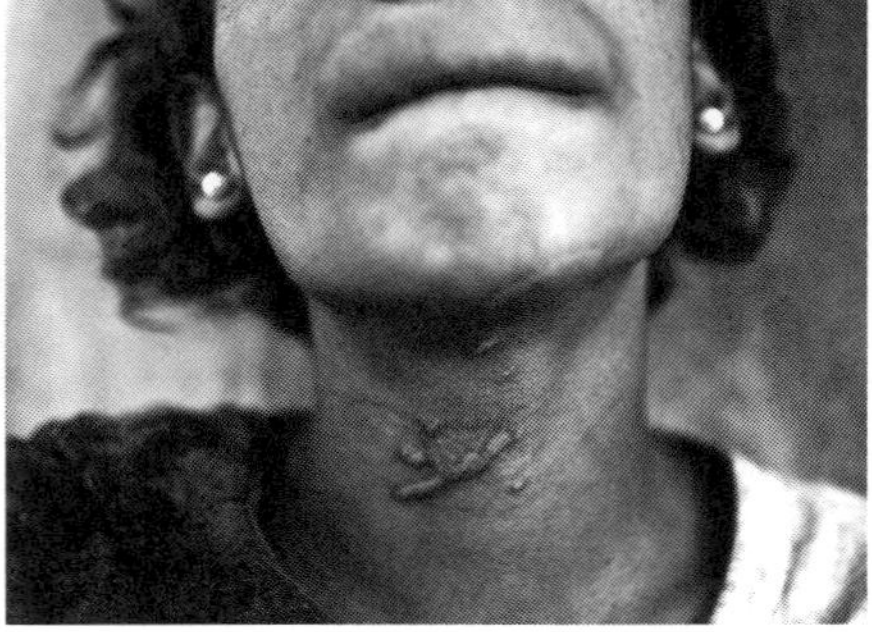

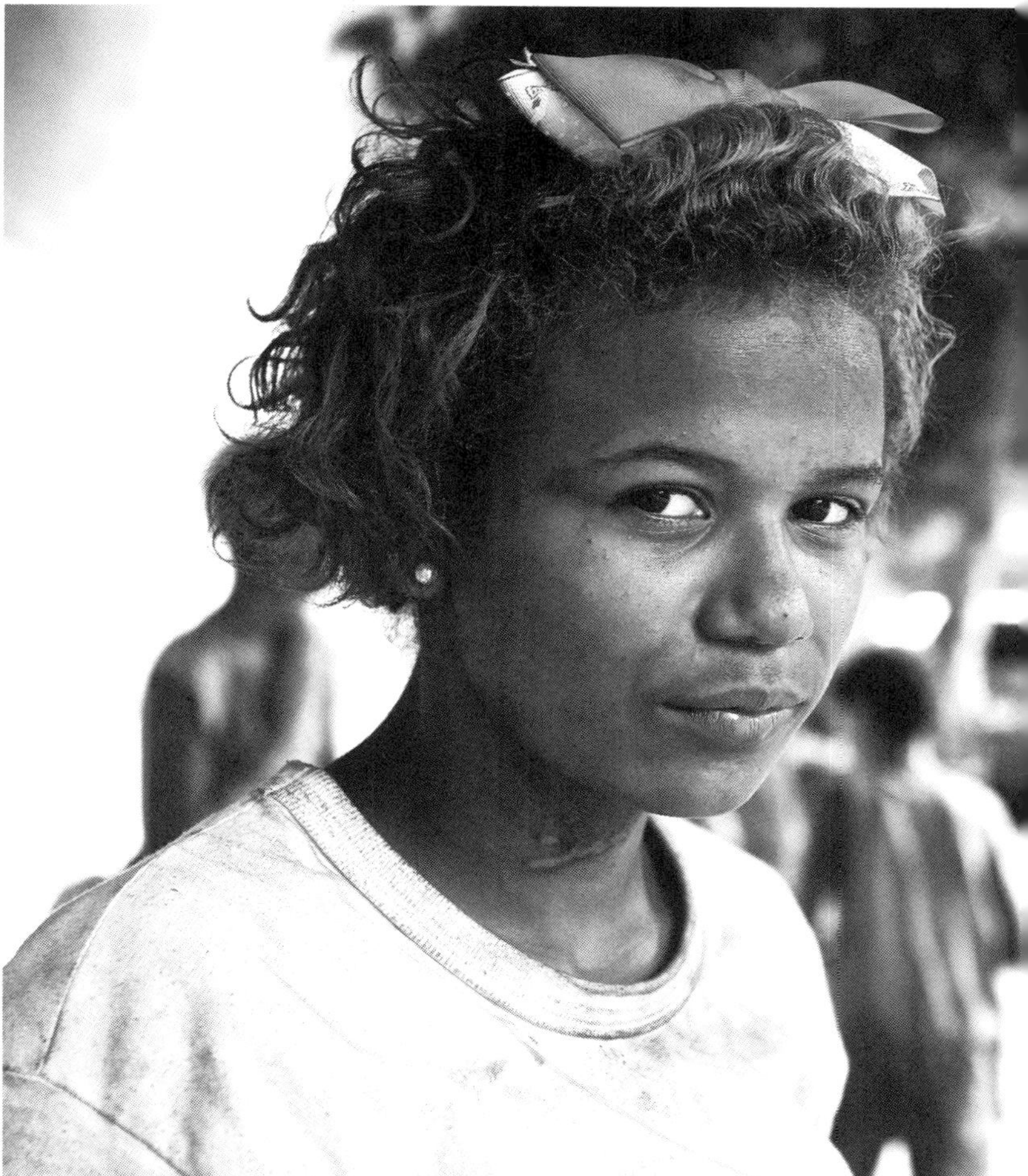

少女パオラの喉には、暴力を受けてできた傷がある。そのせいで男の子に間違われるため、リボンとピアスをしている。

ズエラ人による犯罪の増加が指摘されているという。コロンビアの刑務所収容所局によると、二〇一八年の外国人拘留者の約六割がベネズエラ人だという（一九五ページの図参照）

いかなる理由があれ、犯罪に手を染めるということは褒められたものではない。特に、麻薬などは間接的に新たな被害者を生んでしまう。しかし、自分の国で食べることもできず他国へ逃げ、止むに止まれず犯罪に手を染めてしまうベネズエラ人には同情を禁じえない。何より、そうした国民たちを放置し続けるマドゥロ政権に強い憤りを覚える。

中には、「民主主義によって選んだ自分たちの責任だ」という反論もあるかもしれない。確かにベネズエラ国民にも責任の一端はあるかもしれないが、それでも現在の惨状は自己責任の落ち度を通り越しており、極めて劣悪な為政者のせいで、本来であればより軽度ですんだかもしれない経済危機が人道危機にまで発展している。

一刻も早い体制の移行を望みたい。

コロンビアにおける国籍別拘留者数の推移

（単位：人、％）

国籍	拘留者数					構成比（2018年）	伸び率（2018年）	
	2014年	2015年	2016年	2017年	2018年		2017年比	2018年比
ベネズエラ	193	235	288	401	721	59.1	79.8	273.6
エクアドル	64	85	116	141	145	11.9	2.8	126.6
メキシコ	60	100	109	92	64	5.3	▲30.4	6.7
スペイン	88	50	39	29	31	2.5	6.9	▲64.8
ペルー	28	21	35	32	30	2.5	▲6.3	7.1
グアテマラ	—	12	15	17	28	2.3	64.7	—
コスタリカ	10	10	9	11	23	1.9	109.1	130.0
米国	34	29	32	25	21	1.7	▲16.0	▲38.2
ブラジル	19	18	22	17	17	1.4	0.0	▲10.5
イタリア	29	20	17	18	17	1.4	▲5.6	▲41.4
ドミニカ共和国	21	31	24	20	17	1.4	▲15.0	▲19.0
ホンジュラス	11	14	14	15	11	0.9	▲26.7	0.0
その他	136	119	106	105	94	7.7	▲10.5	▲30.9
全体	693	744	826	923	1219	100	32.1	75.9

出所　コロンビア刑務所収容所局・JETROより

第五章

のぼせた国は必ず破綻する

経済破綻したベネズエラに日本が学ぶべきこと

本書ではここまで、国家の経済が破綻しハイパーインフレに見舞われたベネズエラの現状について、詳しく述べてきた。

第二章で述べたように、原油埋蔵量世界一のベネズエラは一九五〇年代から七〇年代にかけて、石油開発と政府主導の工業化政策がけん引して二〇年以上にわたり安定した高度経済成長を謳歌していた。一九七〇年代には国際石油価格が二度にわたり高騰し、国民所得を大きく引き上げた。一人当たりGDPは、一九五〇年から七五年にかけてほぼ倍増した。所得格差や貧困問題は小さくなかったが、経済が成長していたため、低所得者層の生活にも底上げがあった。

実はこの時期、ベネズエラは政治的にも安定していた。一九五八年に軍政から民主化して以降九〇年代初めまで、「民主行動党」（AD）と「キリスト教社会党」（COPEI）による二大政党制民主主義が続いていたのだ。

二大政党制と聞くと、読者はアメリカやイギリスをイメージされるのではないだろうか。もちろん、昨今の米英の国内政治状況を見ていると「分断」のイメージが強く、二大政党制にも問題点があると感じざるを得ない。しかし、世界にはまだたくさんの独裁政権や軍事政権が存在する（今のベネズエラもそうだが）。それに比べれば、「分断」を生む余地がある分だけ、まだ二大政党制民主主義の方がマシであろう。

中南米は今でも、アメリカに押し寄せる移民集団「キャラバン」に象徴されるように、政治的・社会的・経済的に混乱しているイメージがあるのではなかろうか。そのイメージは正しいと言ってよい。安定的な民主社会が形成されているとは、今でも言い難い。

二〇世紀後半もそうであった。中南米では、一九六〇年代～八〇年代にかけて大半の国が軍事政権の手に落ちた。当時、中南米で民主主義を維持していたのはわずか四ヵ国。その中には、軍事政権ではないが一政党が二〇〇〇年まで半世紀も政権の座を独占したメキシコや、長引く内戦に悩まされ政治的安定とはほど遠かったコロンビアも含まれる。だからベネズエラは当時、コスタリカと共に中南米における安定的民主主義の模範国とさえ見なされていたのである。

しかし、前著『恐慌と国家破産を大チャンスに変える！』（第二海援隊刊）でも述べたが、経済学には「資源の呪い」という言葉がある。資源が豊富な国ではどうしても経済がそれに依存してしまい、他の産業が育たない。そのため、何かあると一気に崩れてしまうのだ。経済ばかりでなく、国家そのものもだ。

二大政党制ではあったが、その両党とも世界最大の埋蔵量を誇る油田の上に胡坐をかいていた。一九八〇年代に入り、原油価格が下落に転じると頼みの綱であった原油収入は大きく減少してGDP成長率が一気にマイナスに転じ、対外債務は激増。中間層は貧困層に転落し、所得格差が広がったことはすでに第二章で述べた通りだ。この「失われた八〇年代」の最後の年である八九年二月二七日、政府の石油値上げ発表を契機に、首都カラカスその他の都市で市民暴動が発生。こうした流れが九二年のウゴ・チャベス中佐の軍事クーデター（その時は失敗）に繋がって行く。その後チャベスは、大統領選挙で圧倒的支持を集めて当選し、九九年から大統領の地位に就いて「ボリバル革命」を標榜する社会主義化政策を推し進めた。

しかし、クーデターを引き起こそうとした過激な軍人上がりのトップに、真っ当な政治を期待するのは無理な話だったのかもしれない。チャベス政治は一九九九年の憲法改正から始まったが、その主な特徴は実は第一に大統領への権力集中と議会政治の弱体化、第二に政治の軍人化であった。旧憲法では軍人は参政権を持たなかったが、チャベスは新憲法で軍人に参政権を与えた。それのみならず、閣僚・政府高官・ベネズエラ国営石油（ＰＤＶＳＡ）総裁などの要職に多くの軍人を任命した。

政治や経営の能力を持たないチャベス派の軍人の下でベネズエラ経済はさらに混迷を深め、チャベスからマドゥロへの政権移譲を経て、今日の経済破綻に突き進んで行った。これが、一九五〇年代以降今日までのおおまかなベネズエラの歴史だと言えるだろう。

私たちはこのベネズエラの歴史から、何を学ぶべきだろうか。いろいろあるだろうが、私たち日本人が肝に銘じなければならないのは、本章のタイトルである「のぼせた国は必ず破綻する」ということではなかろうか。二大政党制の民主主義、世界一の豊富な石油資源をバックにした経済成長――一九五〇年代から七〇年代まで、ベネズエラは間違いなく中南米の優等生国家であった。しかしそれに慢心した時、すでに今日の崩壊の萌芽は生じていたのである。

『ジャパン・アズ・ナンバーワン』――若い読者はご存じないかもしれないが、アメリカの社会学者エズラ・ヴォーゲル氏の手による一九七九年のベストセラー（TBSブリタニカ刊）である。ヴォーゲル氏は戦後日本の高度経済成長の要因を分析し、日本的経営を高く評価した。当時の日本人は、「日本経済は世界一だ」という気分に酔っていた。そう、今から思えば完全に慢心していた。

この本が世に出たのは、バブル崩壊のわずか一〇年前である。出版から一〇年後の一九八九年の大納会終値で三万八九一五円八七銭の史上最高値を付けた日経平均は、その後その水準にまったく達することができていない（戦後最長景気拡大と言われるアベノミクス下においてすら）のは、読者の皆さんもご存じの通りだ。その後の日本経済は「失われた二〇年」と呼ばれ、今も低成長から脱却できていない。それどころか、私がずっと警告してきているように、財政破綻の危機は明らかに迫ってきている。

なぜこんな国になってしまったのか？――これについては本章の最後で詳しく述べようと思うが、まずはベネズエラ以外で、「のぼせた」がために国策を誤り、経済破綻・著しい衰退に陥った国を見て行きたいと思う。

明治期のアルゼンチンは、世界トップの経済成長国

「母を訪ねて三千里」――五〇歳くらいの読者の方の中には、子供の頃テレビアニメでご覧になった記憶がある方も少なくないであろう。アニメをご覧になったことがない方でも、この物語の名前は誰もがご存じであろう。一里は約四キロメートル。だから、三千里は一万二〇〇〇キロメートルというトンデモナイ距離になる（ちなみに北海道の最北端・稚内市から沖縄県の那覇市までの

直線距離が約一二五〇〇キロメートルである)。

九歳の少年マルコ・ロッシは、母を訪ねてそんなトンデモナイ距離を旅するのだが、なぜそんなことになったかというと、イタリアで貧しい生活を送っていたマルコのお母さんが遠くアルゼンチンまで出稼ぎに行ったからなのである。

出稼ぎと言えば、日本では地方から東京などの都会へというのが常識だ。「アルゼンチン? なんで」と思われる読者が多いであろう。今、私たちにとってのアルゼンチンのイメージは、サッカーとタンゴ、それと経済に通じている読者にとってはハイパーインフレとデフォルトといったところではなかろうか。一攫千金を狙ってならともかく、出稼ぎというのは安定的な稼ぎを得るためなのだから、そのために行く国とは考えられない。

しかし、マルコが旅に出たのは一八八二年という設定なのだが、一九世紀後半から二〇世紀初頭にかけてアルゼンチンは、世界有数の経済繁栄を謳歌していたのである。アルゼンチンは一八一六年にスペインから独立し、内乱期を経て一八六〇年代に今日の形態での統一的な近代国家として世界史の舞台に登場した。これは日本が明治維新により近代化への道を歩み出したのとほぼ同時期である。読者は、日本の明治時代というと、司馬遼太郎の名作『坂の上の雲』というタイトルの如く、近代化と共にひたすら上って行ったというイメージをお持ちであろう。しかし、当時のアルゼンチンは、その日本を凌駕する経済成長を成し遂げていたのである。

それを可能にしたのは、「パンパ」と呼ばれる広大で肥沃な国土であった。一八八〇年から穀物輸出を始めるが、その量は一〇年後には二二万トン、そして二〇世紀初頭には二〇〇〇万トンにまで伸びる。輸出先は、まずイギリス、そしてドイツ・ベルギー・オランダなどで、穀物取引専門の外資系企業が相次いで首都・ブエノスアイレスに代理店や支店を置くようになる。ブエノスアイレスは「南米のパリ」と呼ばれるが、その街並みはこの時期に形成されたものだ。

冷凍・冷蔵技術が発達すると牛肉の輸出も増え、第一次世界大戦の直前にはアルゼンチンの世界牛肉輸出シェアは五〇％を超えていたと言われる。輸出産業を支えるインフラ整備も進んだ。ブエノスアイレスを中心に全土に鉄道が敷設され、一八九〇年には九〇〇〇キロメートル、一九一四年には三万キロメートルを超える鉄道網が整備された。一八七〇年～一九一三年における一人当たり実質GDPの年平均成長率は二・五％であり、これは当時世界トップであった。勢いよく坂を上っていたわが日本ももちろん伸びていたが、同時期比較でのその数字は一・四％であり、アルゼンチンには遠くおよばなかった。

こうした結果、一九一三年（大正二年）時点でのアルゼンチンの一人当たり実質GDPは、日本の三倍近くにまで達し、西欧諸国の平均を上回るようになっていた。マルコの母が出稼ぎに行った理由も、おわかりいただけただろう。

何かに依存しての繁栄国家は極めてもろい

このようなアルゼンチン経済が、その後凋落してしまったのには様々な要因があるが、一番の理由は対英従属の経済であったことである。先に輸出先第一位がイギリスだったと述べたが、一九一〇年代には輸出総額の四〇％、輸入総額の三〇％がイギリスであった。輸出入先というだけではない。そもそも、資金・技術もイギリスに依存していた。当時の対アルゼンチン投資額は、一位がイギリスで一五億五〇〇〇万ドル、二位がフランスで四億ドル、三位がドイツで二億ドルと圧倒的にイギリスからの投資を受けていた。

しかし、資本も技術もイギリス依存の経済発展は、それがなくなればいともも簡単に崩壊する。第一次世界大戦後、イギリスがブロック経済を導入して大英帝国経済圏を形成した際、アルゼンチンはその枠から漏れ、これまでの好景気が嘘のように不況に陥る。それまでの農牧産品輸出で食べられなくなったアルゼンチンは、未知の領域である工業化を本格導入しようとするが、あえなく失敗。経済の落ち込みは社会・政治の混乱を招き、混乱する政治を取りまとめようと軍部が台頭。しかし、軍部による経済政策はことごとくうまく行かず、天文学的なインフレーションを招くのである（このあたりは、先のベネズエラを彷彿とさせるものがある）。

ちなみに、反英ナショナリズムの高まりと国民の不満をそらす目的もあり、一九八二年英領フォークランド（アルゼンチン沖にあり、一八八〇年代の初期にはアルゼンチンが領有していたこともある）に武力侵攻するが、わずか三ヵ月でイギリスに完敗している。

このアルゼンチンの凋落からも数多く学ばねばならない点があるが、あえて一つポイントを挙げれば、やはり慢心であろう。そもそも、自力による経済発展ではなかったのだ。それに気付いて、経済繁栄を謳歌している間に本当の自力を養って行かなければならなかったのだが、それができなかった。先のベネズエラもそうだが、何かに依存した経済繁栄はもろい。しかし、繁栄を謳歌している間は、なかなかそれに気付かない。そして、その依存していた構造が崩れた時、その国はなすすべなく転落して行くのである。

「世界には四種類の国がある。先進国、途上国、日本、アルゼンチンだ」――一九七一年にノーベル経済学賞を受賞し、GNP統計の父と言われるサイモン・クズネッツの言葉だ。この言葉は、六〇年代から七〇年代頃に発せられたようだ。まさに、日本が奇跡の高度経済成長を成し遂げた時期である。欧米の

料金受取人払郵便

神田局
承認

5170

差出有効期間
2019年12月
31日まで

[切手不要]

郵便はがき

101-8791

503

千代田区神田駿河台2-5-1
住友不動産御茶ノ水ファーストビル8F

㈱第二海援隊
「浅井隆 特別講演会」担当 行

2019年　浅井隆 特別講演会 参加申込書

お名前	フリガナ	男・女	年　月　日生　歳
●ご希望の会場に印をお付け下さい			
□ 4／19 福岡	□ 4／26 名古屋	□ 5／10 東京	
□ 5／17 広島	□ 5／24 大阪	□ 6／7 札幌	
●送付先住所をご記入下さい		●参加人数	
ご住所	〒	名	
TEL		FAX	
e-mail			

ご記入いただいた個人情報は、書籍・レポート・収録ＣＤ等の商品や講演会等の開催行事に関する情報のお知らせのために利用させていただきます。

《お問い合わせ先》　㈱第二海援隊 担当：稲垣・齋藤
TEL：**03-3291-6106** ／ FAX：**03-3291-6900**
URL http://www.dainikaientai.co.jp　e-mail info@dainikaientai.co.jp

料金受取人払郵便

神田郵便局
承認

4720

差出有効期間
平成32年5月
31日まで

［切手不要］

郵便はがき

101-8791

503

千代田区神田駿河台2－5－1
住友不動産御茶ノ水ファーストビル8F

株式会社 **第二海援隊**
経済トレンドレポート係 行

経済トレンドレポート入会申込書

お名前	フリガナ	男・女	年　月　日生　　歳
●ご希望の会員種類に✓印をお付け下さい			□FAX会員　□郵送会員
●送付先住所（会社の方は会社名も）をご記入下さい			
ご住所	〒		
TEL		FAX	
e -mail			
ご購入書籍名			

ご記入いただいた個人情報は、書籍・レポート・収録CD等の商品や講演会等の開催行事に関する情報のお知らせのために利用させていただきます。

《お問い合わせ先》株式会社第二海援隊 経済トレンドレポート担当 島崎まで
TEL：03-3291-6106 ／ FAX：03-3291-6900
URL http://www.dainikaientai.co.jp/ e -mail info@dainikaientai.co.jp

先進国は不変の存在だ。一方で途上国もまた変わらない。貧しいままだ。そんな中で異色なのは日本とアルゼンチン。日本は途上国から先進国にかけ上がり、逆にアルゼンチンは先進国から途上国に転落した――こういう意味である。

しかし、実は戦後日本の「奇跡の高度経済成長」は、何かに依存したものではなかっただろうか。そう、「吉田ドクトリン」――戦後の混乱期に首相を務めた吉田茂が打ち出した日本の国家戦略である。国の安全保障の多くをアメリカに依存し、日本は経済成長を最優先課題とする、そういう国家方針・国家戦略だ。読者もご存じの通り、わが国の防衛費には「ＧＤＰ比一％枠」というものがある。もちろん、法律で決められているなどというものではない。しかし、現実にはこの枠は存在する。アメリカはと言えば、戦後の東西冷戦期、国防費の対ＧＤＰ比は、六％にも達していた。

この「吉田ドクトリン」は、戦争直後の状況にあっては、日米双方にとってピッタリのものであったと言えよう。日本はある意味、アメリカを震撼させるほど徹底的に戦った。だから、アメリカは日本を骨抜きにすべく、「陸海空軍その他の戦力は、これを保持しない」と定めた。その後すぐ東西冷戦時代に突入したがために、アメリカは方針を転換するのだが、それでも日本の自衛隊にはずっと「必要最小限」という縛りが掛けられてきた。防衛費にお金を使わない分、日本は経済成長にすべてを注ぐことができた。敗戦直後は食うにも事欠く状況だったから、吉田ドクトリンに基づく経済至上主義は日本人にとってもありがたいものであった。

しかし、今状況は一変している。アメリカはもう「世界の警察官」をやる気もないし、実力もなくなってきている。一方、中国の台頭は目を見張るものがある。「軍事なんてなくなればいい」と思っている日本人は多い。しかし、中国は憲法九条は持っていないが、核・ミサイルは持っている(北朝鮮もだ)。

しかも、ただ持っているというレベルではない。中国の軍事費の伸びは二〇〇八年からの一〇年間で+一一〇%(+一〇%ではない。二倍以上ということ)と主要国の中で突出している(ちなみに日本は一〇年間で+四・四%)。これが現実なのだ。中国に限らない。世界のどこの国も軍事というすご味は必ず持っていて、その上で外交を展開している。

　その極端な例が、北朝鮮だ。核とミサイルがなければ、北朝鮮など単なる世界でもっとも貧しい独裁国家に過ぎない。普通ならまともに相手にされない国だ。しかし、核・ミサイルがあるからこそ、世界一の大国・アメリカを相手に回して交渉できる対等外交ができるのである。これは極端な例だが、自らの存立（安全と生存）を他国に依存しているような国は、外交において当然なめられる。そういう国に脅しをかけるのは簡単だ。

　もう、安全保障をアメリカに依存している時代は終わった。自らの力で自立しなければならない。それに気付かなければ、わが国は中国にも北朝鮮にも韓国にもいいようにされ、なすすべなく凋落の道を転げ落ちて行くことだろう。

「ロシア民族は消滅しようとしている」

「地球は青かった」——一九六一年、世界で初めて宇宙飛行をした（当時の）

ソ連人、ユーリイ・アレクセーエヴィチ・ガガーリンの有名な言葉である。世界で初めて――そう、世界で初めて宇宙飛行を成功させたのは、アメリカではなく、ソ連だったのだ。

世界初の有人宇宙飛行ばかりではない。ソ連の宇宙開発はアメリカを凌ぎ、数多くの「世界初」を実現させている。たとえば、大陸間弾道ミサイル（一九五七年）、人工衛星（一九五七年、「スプートニク一号」）、宇宙へ行った動物（一九五七年）、無人探査機月面着陸（一九六六年）、宇宙ステーション（一九七一年）、無人探査機火星着陸（一九七三年）等々である（米ソの宇宙開発競争においてアメリカが優位したのは、月面着陸くらいであった）。

今でも旧ソ連の秘密警察・ＫＧＢ出身のプーチン大統領の存在感はなかなかのものだ。しかし、実は東側陣営の盟主だった頃と比べると、ロシアの国力は低下している。それも凋落と言ってよいほどに。

まず、経済力であるが、冷戦当時、ソ連は曲がりなりにも世界第二位の経済大国であった。曲がりなりにもという但し書きが付くのは、アメリカと比べるとその差は歴然としていた（アメリカの三五％からせいぜい四割強）からであるが、それでも世界第二位ではあったのだ。しかし、今はどうかと言えば、ロシアのＧＤＰはアメリカの一二分の一、中国の八分の一程度（！）のＧＤＰしかないのである。

国力の基になる人口も減少問題が深刻だ。外務省によれば、二〇一七年時点で世界でもっとも人口が多い国はもちろん中国で一三億八六三九万人。二位がインドで一三億三九一八万人。この二国が飛び抜けていて、第三位は大きく引き離されてアメリカが三億二五七一万人。ロシアは九位で一億四四四九万人だが、これは一一位・日本の一億二六七九万人とほとんど変わらない。

影のＣＩＡとも呼ばれる情報機関ストラトフォーに一二年間勤務し、分析部門のバイス・プレジデントまで上り詰めたピーター・ゼイハン氏は、二〇一六年一月に刊行された『地政学で読む世界覇権２０３０』（東洋経済新報社）の中で、ロシアの未来に関してこのような衝撃的な予測を述べている。

ロシア人――つまりロシア民族――は消滅しようとしているのだ。ソ連の崩壊とともに、ロシア人の出生率は急落した。（中略）このままでは現在の半分のサイズのロシア人口でさえ維持することはできないだろう。（中略）

ロシアの人口ピラミッドでさえ、ロシア民族ではなく、ロシア国籍保持者全体のデータを示しているため、実態よりも楽観的だ。ソ連崩壊とともに多くの被征服民族がロシアのくびきから逃れたものの、現在のロシアの国境内に留まった者も多い。特にタタール人、バシキル人、チェチェン人などのトルコ系ムスリム人口は若く活気にあふれ、人口も増えている。人口ピラミッドでは、彼らの数値が、高齢化し、病気を抱え、子どもを産まないロシア民族のものと一緒になっているのだ。二〇四〇年までにロシア国籍保持者の数は一億二〇〇〇万人以下に減少し、ロシア民族は自国内でかろうじて多数派を形成するにすぎなくなるだろう。（中略）

ロシアの課題ははっきりしているが、その解決は容易ではない。人口減少は非常に急激にかつ深く進行しており、多方面にわたるため、この点からだけでも、数世代後にはロシアが国家として、またロシア人が民族として生き延びるのは不可能になっていると言わざるをえない。（ピーター・ゼイハン著『地政学で読む世界覇権２０３０』東洋経済新報社）

ロシア凋落の原因は日本にもピタリ当てはまる

かつての東側の盟主ロシアは、なぜかくも凋落してしまったのか？　大きな理由は、経済の実力からすれば無理がある支出を続けてしまったことである。無理な支出とは何か？　先に述べた、宇宙開発も含めた軍事支出である。

すでに述べたように、東側の盟主とは言えソ連のＧＤＰはアメリカの半分もなく、せいぜい四割程度であった。そのソ連がアメリカと軍事的に張り合うのだから、当然無理が来る。冷戦が終了した一九八九年当時、ソ連軍の総兵力は実に約五一〇万人。これに対しアメリカは総兵力二一六万人。国防費の対GDP比はアメリカが六％であったのに対し、ソ連は一五％にも達していた。予算全体の半分程度が軍事費だったという。東側の盟主としてのおごりがそこまでさせたのだろうが、これでは財政が破綻して当然だ。

一九八〇年代中頃になるとソ連の財政は危機的状況に陥り、八九年のソ連崩壊に至った。軍事以外に回すお金は極めて少ないのだから、国民生活は荒れる。ソ連末期からアルコール依存症が急増し、死亡率はアフリカ並みになったと言われるがそれも頷ける。

もう一つは言うまでもないが、人口減少である。人口というのは国力の源だが、それがここまで減少危機にあるのだから衰退は当然と言えるだろう。

このソ連・ロシアの凋落から私たちが学ぶべきことは明らかだろう。まずなんと言っても、人口減少である。世界最速で少子高齢化が進むわが国の状況は、ロシア以上に深刻なのだ（ロシアはロシア民族としてはともかく、ロシア国民としての人口は二〇〇八年を底に若干上昇に転じている。しかしわが国は、二〇〇八年をピークに減少の一途をたどっている）。

もう一つは、経済の実力からすれば無理がある支出構造である。旧ソ連の場合、それは軍事費であった。では、日本の場合は何か？――社会保障費である。

一身独立せよ、一国独立せよ

バブルのピークであった一九八九年、世界の企業の時価総額ランキングのトップ5は、すべて日本企業であった（一位はＮＴＴ。二位から五位は銀行であった）。それが直近二〇一九年一月末ではどうかと言えば、トップ5はおろか、トップ40まで下がっても一社も入っていないのだ。日本企業のトップはもちろんトヨタ自動車だが、そのトヨタの順位は四二位。

しかも、今後その地位を維持して行くのは至難だ。なぜなら、トヨタはハイブリッド車で圧倒的な世界シェアを誇っていたがために、急速に進んだ電気自動車（ＥＶ）シフトには乗り遅れてしまった。それどころか、近未来の実現が見えてきた自動運転の開発をリードしているのは、米大手ＩＴ企業のグーグルなのだ。今、自動車の世界は従来の世界とはまったく異質なものに急速に変化してきている。そういう時代に、従来トヨタが誇ってきた強みがまったく活きなくなってしまう可能性は決して小さくない。強みに胡坐をかいてしまった時、すでに転落の萌芽が生じているというのは本章で繰り返し述べてきたところだ。今のトヨタが強みに胡坐をかいているとまでは言わないが……。

本章ではここまで、「のぼせることなかれ」「慢心することなかれ」「自立することを考えよ」と訴えてきた。この三つ目の「自立」ということで言えば、私は国家だけでなく、国民も国家から自立すべきであると考えている。

国民の国家からの自立とはどういうことかと言うと、国に依存しない、頼らないということだ。より具体的に政策として言えば、「社会保障制度（特に公的年金）を圧倒的に小さくする」ということだ。何度も言うが、今の制度は持続不可能なのである。無理なのである。

制度的に無理だというだけでなく、国民を卑しくする。「こうやったら国の社会保障制度でお金がたくさんもらえる」みたいなノウハウ情報の収集に心身・時間を費やしている。そのお金とは、本来は自分の子供からのお金なのである。本当に自分の子供からのお金だったら、こんなバカなことを考える親はいないであろう。それが国の制度としてシステム化すると、子世代のお金だという実態が見えなくなるから、モラルがなくなる。

産経新聞文化部編集委員の桑原聡氏は、『人生一〇〇年時代』に思う」というコラムの中で、そういう物質主義（カネ）の軍門に下った日本人が、そこから自由になることが求められているのではないかと訴えている。そして、経済的余裕はなくとも自分らしさを発揮できる人生を送ることは可能ではないかと。

桑原氏は「日本の復興は年金制度の廃止で」と訴える。これはもちろん私も極論だとは思うが、社会保障の大幅削減はやるべきだと考えている。本当に今の制度を継続しようとするなら、大幅な負担増か大幅な給付減のどちらかだが、私は給付減の方を主張する。なぜなら、国民の自立を促すからである。国家も個人も、自立しなければ自由はない。国（という制度）への依存心が高まれば「もらって当たり前」という精神が染み付き、卑しくなるばかりである。

福沢諭吉の有名な言葉に、「一身独立して一国独立す」というのがある。その通りだと思う。国民が国を単に行政機構と見てそれに依存するばかりになっては、国は終わりだ。私たちは今でも、明治維新の志士や坂道を駆け上がって行った明治時代の人物に憧れを抱くが、あの当時、今のような何でもありの社会保障制度などなかった。国民は自立していた。国は何でもやってくれて当たり前という行政機構ではなく、自らが築き守り支える対象だった。だからこそ、当時の人物はかっこいいのである。

高度成長にのぼせた日本という国家は、持続不可能な社会保障制度を作り、そして今、破綻のゴールが見えてきている。そこから再生するには、一身独立して一国独立するしかない。

第六章

「国家破産」は、「恐慌」の一〇倍以上ひどい経済破綻

国家破産は恐慌よりもはるかにひどい

「恐慌」と「国家破産」はどちらも経済的な大混乱で、ややもすると同じように捉えがちである。ただし気を付けて欲しいことは、この二つはまったく別の現象であるということだ。特に国家破産は、考えもおよばないようなことが起こるため注意して欲しい。

恐慌とは、景気の循環サイクルの中に存在している不況の行き過ぎた形だ。ここで景気の循環サイクルとは、①好況→②後退→③不況→④回復の四つのステージを指す。そして、好況から後退に移る転換点を〝景気の山〟と呼び、不況から回復に移る転換点を〝景気の谷〟と呼ぶ。相場の格言に「山高ければ谷深し」という言葉があるが、その格言はまさに景気の循環サイクルに当てはまる。好況が行き過ぎた状態はバブルだが、バブルが大きければ大きいほど、次に来る不況は巨大な姿になる。それが恐慌なのだ。

景気の循環サイクル

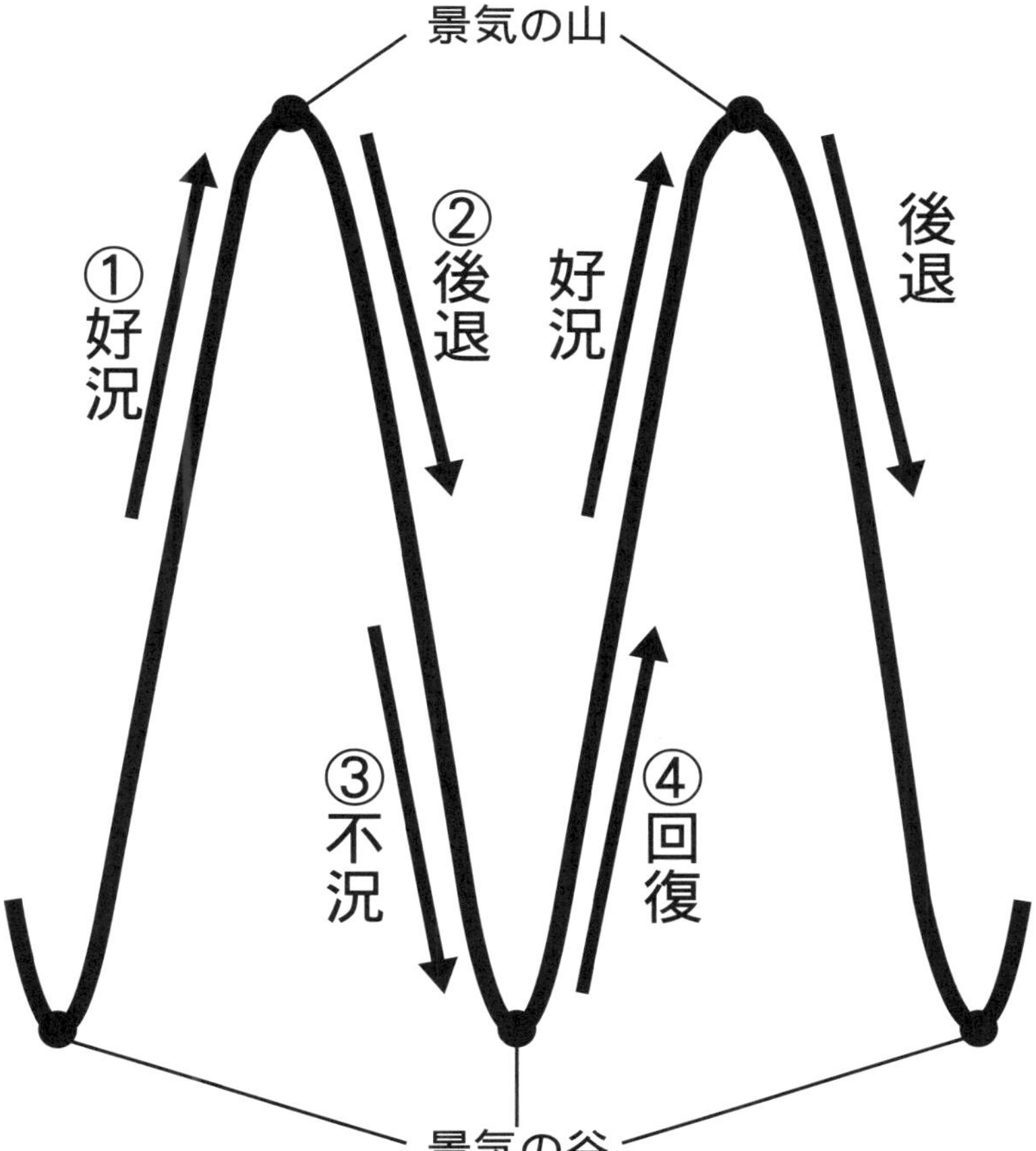

一方の国家破産は、このサイクルの中には存在しない経済の特異な状態である。だから、恐慌と国家破産のどちらがひどい状態かと言えば、圧倒的に国家破産の方である。感覚としては、「国家破産は恐慌の一〇倍以上ひどい経済崩壊」と考えてもらえばよいだろう。基本的に国家破産には、恐慌経由で陥ることが多い。

景気のサイクルで、景気の山から景気の谷に落とされるわけだが、時々想像もつかないレベルまで谷が深いことがある。その状態が、恐慌である。

普段の不況は景気の谷底というだけであるが、恐慌の時は単に谷底ではすまない。そこは落ちたら上がってこられないような、崖下を見下ろした時に暗く底が見えない、まるで奈落の底のようなものである。一旦落ちると、ちょっとやそっとでは這い上がることはできず、抜け出すためにあらゆる労力がかかる。しかし、それでも底があるだけマシである。

国家破産はさらにひどく、その奈落の底が抜けた状態を指す。こうなるともはやどうにもならない。底なし沼に落ち込んだようなものだから踏ん張るところもなく、ほとんどの人は自分ではどうすることもできない。誰かが上から救命ロープを落としてくれるのを待つしかない。芥川龍之介の『蜘蛛の糸』のように、お釈迦さまが血の池地獄でもがく盗人カンダタに与えた慈悲の助けである天からの蜘蛛の糸を、私たちもただ期待しながら待ち続けるしかないだろう。それくらい、国家破産はひどい状況になると考えていただきたい。

国家破産とは、土台が崩れること

「国家破産とは一体何か?」を理解する上で、まず、皆さんに問いたい。「あなたは日本の国を信用していますか?」と。躊躇なく〝信用している〟と答えた人は、今後まず生き残ることはできないだろう。私の本で何度か登場させている著名な投資家であるカイル・バスは、テキサスでのインタビューの際「浅井さん、国（政府）を信用してはいけない」とわざわざ忠告してくれたほどだ。

私はこれまで巨万の富を築くことに成功した投資家に多数お会いしてきた。

その投資家たちに共通することは、誰一人として〝国と言えども信用していない〟ということだ。だから、国がおかしくなった時には「大丈夫、また良くなる」と思うのではなく、空売りをして十分に収益を得たりするのである。カイル・バスもその一人である。カイル・バスは、リーマン・ショックやギリシャ危機の際に巨万の富を得て一躍有名になった。リーマン・ショックの時の投資行動は、サブプライム住宅ローン抵当証券の空売りだから国相手ではないが、後半のギリシャ危機の際にはまさに国を相手にショート（売り仕掛け）している。ギリシャが破綻しそうになると大儲けできる金融商品であるギリシャ国債のCDSを大量に買い、大きなプラスを得たのである。

カイル・バスよりもビッグネームであるジョージ・ソロスも国を相手に相場を張っている。ソロスが行なったイギリスポンドの売りやタイバーツの売りは有名である。

このように、国と言えどもおかしくなることがあり、著名な投資家はそのことを十分理解しているのである。先ほど、間髪入れずに〝信用している〟と答えた人は、国と言えども完全に信用することはできないということを頭に入れておいて欲しい。特に日本国の現状は、信用に足る状況とは程遠い。

さて、「あなたは日本の国を信用しているか？」という先ほどの質問で〝信用していない〟と答えた人も多いだろう。むしろ私の本を何冊か読んだことのある読者の方はほとんどこのように回答したはずだし、当然私としてもそのような回答を期待している。

ただ、ここで気を付けないといけないことは、あなたが国を信用していなかったとしても、世の中は国は完全に信用できるものということを前提に成り立っているということだ。その上で、社会のシステムが完全に国に依存しているのである。結果として、たとえあなたが国を信用していなかったとしても、それでもあなたの生活の大部分は国に依存してしまっているのである。

金融の世界に「リスクフリーレート」という考え方がある。リスクフリーレートとは〝無リスクで得られる利回り〟のことで、通常使われるのは自国の一〇年物国債の利回りである。これを、資産運用が上手いのか下手なのかを表す基準に活用したりする。そして驚くべきことに、日本政府がどれだけ無尽蔵に国債を発行したとしても日本国債にはリスクがない、ということを前提で金融の世界が成り立っていることである。

また、銀行の破綻に備えたペイオフ制度や証券会社の破綻に備えた一〇〇〇万円までの投資家保護の仕組みも、万が一の場合には国が資金を出すようになっている。その他の部分でも、年金や医療費も国が支える制度であるし、法律も国が作ったものである。

意外と見落としがちになるのが、他国との関係性だ。それを表すものの一つに、「パスポート」が存在する。ほとんどの方は日本以外のパスポートを持った経験がないはずなのでわかりにくいだろうが、日本のパスポートは世界最強と言ってよい。海外渡航のコンサルティング会社である「ヘンリー・アンド・パートナーズ」が発表する「ビザなしで渡航できる国・地域ランキング」で、日本のパスポートは二〇一八年、二〇一九年と二年連続の一位に輝いている。日本のパスポートであればビザなしで渡航できる国と地域は、なんと一九〇ヵ

日本のパスポートは世界最強

	国　名	ビザなしで渡航できる国・地域
1	日本	190
2	シンガポール	189
	韓国	
4	フランス	188
	ドイツ	
6	デンマーク	187
	フィンランド	
	イタリア	
	スウェーデン	
10	ルクセンブルグ	186
	スペイン	
12	オーストリア	185
	オランダ	
	ノルウェー	
	ポルトガル	
	スイス	
	イギリス	
	アメリカ	
19	ベルギー	184
	カナダ	
	ギリシャ	
	アイルランド	

ヘンリー・アンドパートナーズのデータを基に作成

所にものぼる。またビザが必要な地域でも、日本のパスポートを出せばほぼ必ず取得できる。これほど日本という国は海外から信用されているわけで、その信用力が日本国民に反映されているのだ。海外で警官に声をかけられたが、日本のパスポートを見せたら何事もなくすんだという話もあるぐらいだ。

〝国民性〟という言葉があるが、日本国民に共通して見られる気質も形成されている。普段は意識もせず気付きもしないかもしれないが、あなたへの信頼度やあなたの性格にも、他国から見れば日本という国の存在が深く関わっているのである。

このような、生活する上で否が応でも係わりを持つことになる、大地のような〝国〟という土台が崩れることが、国家破産なのである。国家破産の話をすると、よく「国家破産時に銀行や証券会社は大丈夫ですか？」という質問をいただくが、このように考えるといかに無意味な質問であるかがわかるだろう。土台が崩れるのだから、その上に立っている銀行や証券会社は当然、甚大な被害を受けると考えた方がよい。

そして、これは金融機関に限らない。どの企業もあるいは国民も、国という土台の上で社会活動を営む以上、それが崩れたらアウトである。まさに、底が抜けた状態に陥るわけだ。また国が崩壊すれば、これまであった海外からの日本の企業や個人に対する信用もこれまで通りとは行かないだろう。

第二次世界大戦後、日本は国家破産していない⁉

国家破産の説明を簡単に行なったが、国家破産の具体的な定義が決まっていないので漠然とならざるを得ない。それを避けるために、〝破産〟という点を厳密に捉えてデフォルト（債務不履行）したかどうかを国家破産の定義にすることも考えられる。ただ、そのようにすると第二次世界大戦後の日本は一度も国家破産していないというおかしな現象が発生する。

第二次世界大戦後の日本に何が起きたか。私が書籍やセミナー、会員限定レポートなどで幾度となくお伝えしているのですでにご存じの方も多いだろう。

主に起きたことは以下の四つだ。①一九四六年二月から一九四八年七月の約二年半にわたる〝預金封鎖〟。②一九四六年三月三日に調査が開始され一九四七年二月一五日までを申告期限とした〝財産税〟。③預金封鎖と平行して行なわれた新円の発行と旧円の使用期限を一九四六年三月二日までとした〝新円切換〟。④一九四六年一〇月二九日に公布された〝戦時補償特別税〟。この四つで、国民の生活あるいは企業経営はズタボロにされたわけだ。これら四つの出来事につい て、「もっと詳細を知りたい」という方や「本当にそんなことあったの?」と疑る方は、二三五ページの当時の新聞を見ていただきたい。

ここで注目したい点は、これだけのことが起こりながら「国債のデフォルト」という言葉は出てこないのである。事実、国債はデフォルトしておらず、終戦前の一九四四年に国民所得比で二六六・九%あった国債借入金などの比率は、データのない一九四五年を飛ばして次の一九四六年で七三・五%としっかり引き継がれているのである。また、デフォルトを宣言していない証拠に、当時の財産税の対象に保有している国債も含まれているのである。つまり、国債は立

日本で起きた4つのこと

① 預金封鎖

1946年2月～1948年7月の約2年半の期間。

② 財産税

1946年3月3日に調査開始。
1947年2月15日までが申告期限。

③ 新円切換

預金封鎖と並行して新円を発行。
旧円の使用期限は1946年3月2日まで。

④ 戦時補償特別税

1946年10月29日に公布。

派な資産であり、無価値の存在ではなかったのだ。

一九四四年から一九四六年に引き継がれた国債借入金などの比率の数字が二六六・七％→七三・五％と小さくなっているのには、二つの理由がある。一つは、財産税などで得た収入で国が国債の返済を行なったことである。そしてもう一つは、ハイパーインフレによって借金の実質価値が目減りしたことである。

実は、国債借入金などの年度末残高は、一九四四年が一五二〇億円だったのが、一九四五年一九九五億円、一九四六年二六五三億円と増えているのである。しかしハイパーインフレによって、一九四四年に五六九億円であった国民所得が一九四六年に三六〇九億円と六倍以上に無理矢理かさ上げされたため、借金が実質目減りしたのである。

このように、通常では考えられない「財産税」や「ハイパーインフレ」によって、日本国は莫大な戦後の借金の処理をデフォルトすることなく終えたのである。

ただし、先ほどの四つの出来事の中で、④戦時補償特別税はデフォルトではないかという声もあがるだろう。戦時補償特別税は、主に個人よりも企業が対

朝日新聞

昭和二十一年二月十七日

預金拂出し制限・新圓發行

經濟危機突破へ非常措置

食糧、生必品、勞務に亙る綜合施策

けふから預金封鎖

解除は財産税徴収後

月額三百圓(世帯主)百圓(世帯員一人)

封鎖預金の現金拂ひ

金融緊急措置要領

十圓以上の舊券は三月二日限り無效

廿五日から七日迄　一人當り百圓引換

日本銀行券預入要領

（朝日新聞　昭和21年2月17日付）

象になったものである。当時、軍需を賄っていた企業は、国に対して莫大な額の戦時請求権を持っていた。これに対して一〇〇％の課税を行なったのが、「戦時補償特別税」なのである。国が補償した売掛金に対して、その債権者にその額分の税金をかけて売掛金を実質なくしてしまったわけだ。これについてはGHQの存在があり、戦争に加担した軍需産業への補償を許さなかったという背景がある。

預金封鎖や財産税、新円切換に戦時補償特別税とかなり強引な手を行なったわけではあるが、それらを〝デフォルトした〟と明確にいうことはできない。では、戦後の日本は国家破産しなかったのだろうか。そんなことは議論するまでもなく、これだけのことが起きたわけで、誰から見ても間違いなく国家破産したと言えるだろう。

何を申し上げたいかと言えば、国家破産という言葉は具体的な定義が決まっておらず漠然としたもので、総合的に判断するしかないのである。だから、人によって国家破産のイメージが異なるのだ。

ただ、一つ確実なことは、国家破産とは国の信用が大きく毀損することである。そして、これによって起きる事象が存在する。国の信用失墜と一緒に起きることは、その国の通貨の信用の失墜、つまりハイパーインフレである。だから、国家破産が起きればハイパーインフレが起きると考えてもらえばよい。国家破産が起きてハイパーインフレにならなかった国を、私は見たことがない。

国家破産とは、どのように起きるのか

先ほどは国家破産という事象について考えてみたが、今度は国家破産とはどのように起きるのかを考えてみよう。これは、先ほどよりもシンプルである。国家破産とは、国がファイナンスで行き詰まることで起きる。なぜ今、これだけ日本は莫大な借金をしているのに国家破産しないのかというと、答えは簡単でファイナンスができているからである。

ファイナンスとは〝資金調達〟のことで、どれだけ借金の額が大きくても資

金調達がきちんとできている間は問題は表面化しないのである。逆に、ファイナンスに行き詰まれば途端に悪い材料が出始める。これが、国家破産への道だ。

日本はバブル崩壊後まともな財政運営を行なって来なかった。これを検証するために、なにも国の複雑な資料を見る必要はない。一般会計税収と一般会計歳出の推移を見ればよいのである。二三九ページにそのグラフを添付しているので、見ながら読み進めて欲しい。収入以上に支出が増えれば借金が膨らむのは当然のことだ。そしてその推移を見ると、バブル崩壊後すぐの一九九〇年（平成二年）までは税収と歳出が同じように伸びていて健全な形だった。しかし、その後税収が伸び悩む中、歳出は伸びる一方だった。ここで発生した差が、借金として長年蓄積されて行き今、莫大な額になっている。そして、構造上多額の借金が年々発生するようになって行くという大きな問題を抱えている。

極論を言えばこのまま借金を続けて行くことができればよいのではあるが、そう上手く行くはずがない。今は日銀が国債を買っているからよいが、日銀も無限に国債を買うわけにも行かない。もし、日銀が無限に国債を買い進めても、

一般会計税収、歳出総額の推移

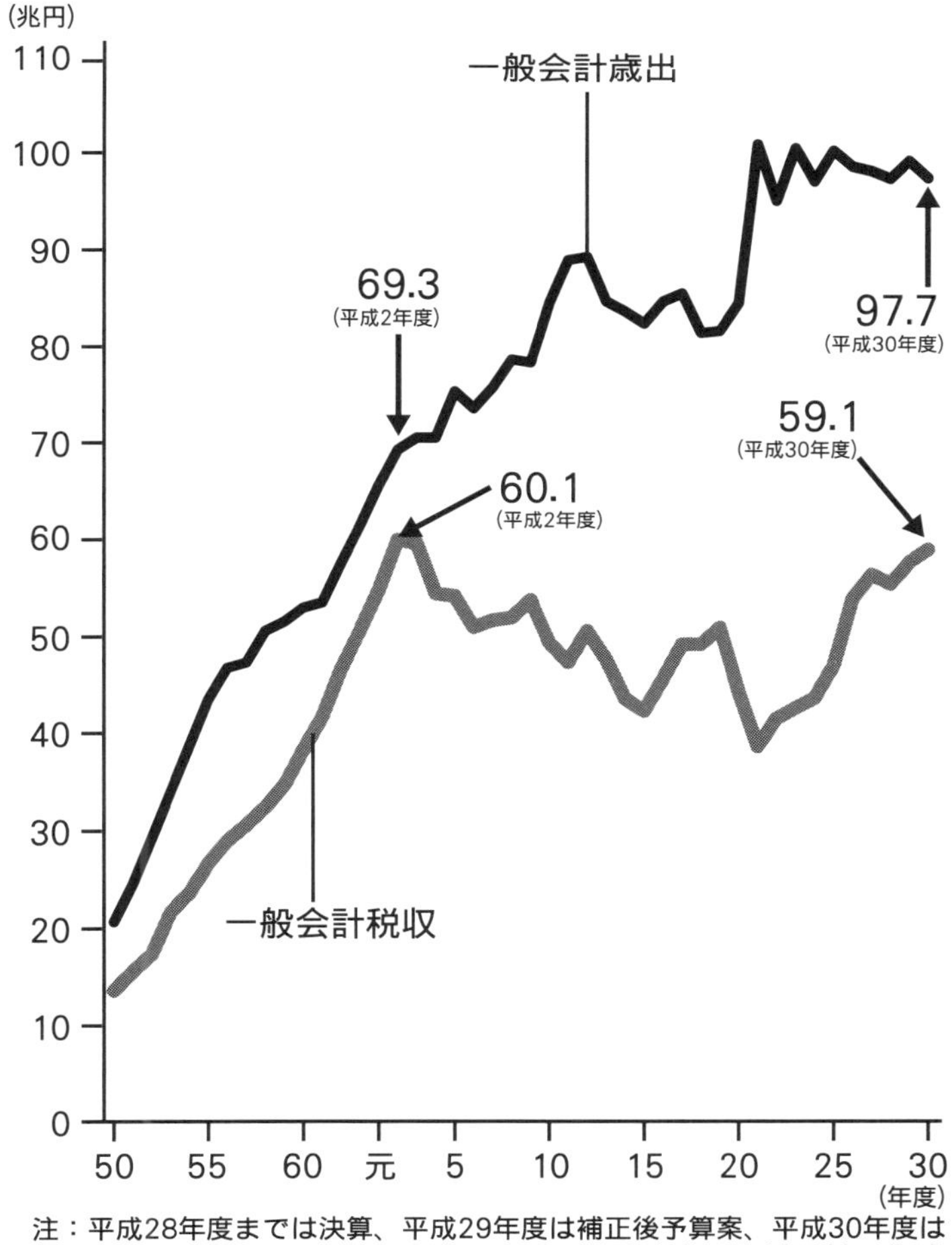

注：平成28年度までは決算、平成29年度は補正後予算案、平成30年度は政府案による

財務省の資料を基に作成

国家破産の状態にならないのであれば、そんなに楽なことはない。中央銀行が無限に国債を買えば事が治まるのであれば、どの国も同じようにするだろう。

しかし、実際にはそれをどの国でも「財政ファイナンス」と忌み嫌っているのは、そんなことを続けていたらいずれとんでもないツケがやって来ることがわかっているためだ。あまりにも借金が積み上がり過ぎて徐々にファイナンスができなくなり、国家破産へ突入することもないとは言えない。多くの場合は、何らかのきっかけがあって国が突然ファイナンスできなくなることの方が多く見られる。税収が極端に減ったりすることも、きっかけの一つとなり得る。国家破産が恐慌経由で起こりやすいのは、そのためである。

また、誰かから借金の返済を催促されて行き詰まることもある。ギリシャでは財政赤字がそれまで公表していた数字よりも大きかったことで、外国勢による資金引き上げが起きたことがきっかけになった。

日本では、国の借金のほとんどを日本の中で消化しているためきっかけが発生しづらいが、だからといって問題がないわけではない。日本は、一九五〇年の朝鮮戦争特需から一九九〇年のバブル崩壊まで約四〇年をかけて巨大な富を築いた。そこから約三〇年を経てそろそろ蓄えていた富を使い切ろうとしている。その富を使い切れば、途端にファイナンスに行き詰まりいよいよ国家破産への道へ進んで行くことだろう。

世界は恐慌へ、そして日本はその後国家破産へ

ここまでは破壊力がひどい方の国家破産の話を中心に進めたが、目先やって来るのは世界恐慌の方だろう。二〇一七年まで続いた世界中の不動産バブルには陰りが見え始め、特にオセアニア圏のオーストラリアやニュージーランドでは土地の価格が下落に転じている。株式も好調だった二〇一七年までと様相が変わり、二〇一八年は二月と一〇月にショックが起こり、特に一〇月から年末にかけて株式は軟調な動きを見せた。

おそらく、早ければ今年の後半から遅くとも来年初めまでに世界は二〇〇八

年に経験した金融危機と同程度の暴落と混乱を再度経験するだろう。そして二〇〇八年の危機対応で財政出動を目一杯行なった各国は、すでにその混乱を収める体力を残しておらず、そこから世界経済は恐慌の時代へと突入して行く。

恐慌局面では、企業倒産が増え、失業率が増える。株価は下落し、世界中でマネーの量が縮小するのでデフレになる。一九二九年に始まった世界大恐慌では、米国株は一九三二年までに約九割もの暴落を記録した。アメリカでは閉鎖された銀行は一万行におよび、企業倒産が相次いだ。失業者の数は約一二〇〇万人、率として二五％にも達した。四人に一人が失業者という状態である。

イギリスが取った対策をまねるように各国が「ブロック経済」に走ったこともあり、世界の貿易は七割カットの三割弱に縮小した。このブロック経済が大きな障壁となり、世界は第二次世界大戦を迎えることとなる。

これから起こる世界恐慌がまさか戦争まで発展するとは考えにくいが、しかし最近アメリカやイギリス、他の国でも見られる自国優先主義を見ると、ある種のブロック経済を連想させ、うすら寒さを覚える。

戦争まで発展すれば話は別だが、そうでなければ大部分の国は恐慌から回復に転じ、また好況へと常々の景気サイクルに戻って行くことだろう。

ところがわが国日本では、そうはならない。今、世界中で発生しているバブルは、日本ではそれほど大きく育っていないため、恐慌時は日本が相対的に見て強くなるだろう。しかしその後日本は、通常の景気サイクルに戻るのではなく、その恐慌がトドメを刺す形で国家破産を迎えることになるだろう。そのダメージは、もちろん恐慌の比ではない。

恐慌時はデフレ、国家破産時はインフレ

ここで、恐慌と国家破産の対策を立てる上で重要なポイントを述べておこう。それは、恐慌時と国家破産時では異なることが起こるということだ。

もちろん似たような現象もある。それどころか、似たような現象が多いのでその渦中に巻き込まれていると、どちらに自分が立たされているのか状況の違

いに気付きにくい。失業率の増加や企業倒産、企業や個人の信用失墜、治安の悪化や暴動などは両方に共通して起きるだろう。ただ、根本的なところで明らかに違う点がある。とても重要なことなので、頭に叩き込んで欲しいが、自国通貨の価値が恐慌時と国家破産時とでは正反対になるのである。

恐慌時は物が売れなくなり物の価値が低くなると同時にお金の価値が高まる。国家破産時は逆で、通貨の価値がなくなり、それによって物の価値が際限なく上昇する。つまり恐慌時はデフレで、国家破産時はインフレなのだ。

これを踏まえて対策を打つべきなのだが、厄介なことにこれから日本が陥る状況は恐慌経由の国家破産である。そして、恐慌と国家破産の状況は似ている部分が多いため、今がどの時期なのかを見極めていないと、誤った対策を打ちかねない。今起きている世界中のバブルが弾けて世界恐慌に陥った際に、幸いにも資産を減らさなかったとしてもそこで油断してはいけないのだ。

日本の場合、その後やって来る国家破産の波の方がはるかに大きいし、通貨の価値は正反対になるわけで、そのまま同じようにしておくと一瞬のうちに資産を失ってしまうことになる。

国家破産を生き残るヒント――国よりも強いトヨタの信用

国家破産の生き残りについては次の章で触れるが、ここで生き残りの重要なヒントについて一つ触れておこう。

それを述べる上で、国家破産とは何かを再度確認しておく。国家破産とは、一言で言えば、国の大幅な信用失墜である。「信用」というと実態がなく捉えどころがなさそうだが、目に見える形を探せば「信用格付け」にたどり着くことができる。格付け機関として有名なところでは「S＆P」や「ムーディーズ」といった米民間格付け会社の名前が挙げられる。その二つが日本国債に対して出している評価は、「S＆P」が「A＋」（シングルエープラス）、「ムーディーズ」が「A１」（シングルエーワン）と両方同格になっている。

ここで、格付けの世界で一つの常識がある。それは専門用語で「ソブリンシーリング」と呼ばれるものだ。意味は、企業の信用格付けは、土台であるその国（国債＝ソブリン）の格付けが上限（天井＝シーリング）で、それを上回ることはできないというものである。考えてみればそれは当然で、土台である国が揺らげば、その上に立つ企業（または個人）は同じように揺れる。これは地震と同じ原理である。ということは、土台が一番しっかりしていて、その上に立つ企業（または個人）はその土台次第ということだ。

だが、実際にはその常識から外れている企業が存在する。「トヨタ」がよい例だ。「トヨタ」の格付けは「S＆P」で「AA－」（ダブルエーマイナス）、ムーディーズで「Aa3」（ダブルエースリー）と、その土台であるはずの日本の格付けをどちらもワンランクずつ上回っているのである。なぜ、このようになっているのか。実はここに国家破産の生き残りのヒントが隠されている。

「トヨタ」は、本社を愛知県豊田市に構える日本の会社であるが、今や世界一七〇以上の国と地域で「トヨタ」車が走り、それに合わせて生産拠点は二六ヵ国、五一地域にもなる。「トヨタ」は言わずと知れたグローバル企業（多国籍企業）だから、日本の土台が揺らいだとしても「トヨタ」はこれまでの信用を維持できるだろうと考えられており、信用格付けが国よりも上になっているのである（もちろん前章で述べたように、そのトヨタと一〇年後はわからないが）。

これと同じことが他の企業または個人にも当てはまるだろう。国にべったり依存しているだけでは、国の信用を超えることはできない。だが、国でさえ破産することがあると常日頃警戒し、国に依存しない部分を多くしておけば、国の信用が揺らいでもそれに動じることはないだろう。

もちろん国家破産は並大抵のことでなく、恐慌よりも一〇倍も二〇倍もひどい経済破綻である。だからといって単に怯えるだけでなく、自己防衛をきちんと行なって、ご自身の未来をしっかり切り開いて行って欲しい。

真剣に備えろ、国家破産の真実

ここまで国家破産について書いたが、章の最後でその驚くべき実態をお伝えしよう。まず、国家破産で起こることは、ハイパーインフレである。現在、ベネズエラでまさに進行中だが、第一章で詳しく述べたようにその恐怖ははかりしれない。

一般のスーパーでは極端な物不足で生活必需品も容易に手に入らない。それでも何とか手に入れようと札束のカタマリを何個も用意する。第一次世界大戦後のドイツもそんな状態だった。終いには、子供たちが積み木の代わりに札束を遊び道具として使ったり、燃料を買うよりも簡単に手に入る紙幣を薪の代わりに燃やして暖をとるに至る始末であった。それほど、紙幣の価値がなくなったのである。こんなことにまでなれば、それまで必死で貯めてきた預貯金などはあってないに等しい。

そんなハイパーインフレの最中のドイツで、興味深い話がある。それは、旅行にやって来たアメリカ人の大人六人が一ドル札一枚でベルリンのナイトクラブで夜遊びをし、何軒もはしごした結果、おつりが返ってきたというものだ。当時の一ドルは今の価値で一～二万円程度だろうか。それで大人六人が一晩大騒ぎをし、その上おつりまでもらったというのだ。そう、マルクの価値は紙キレ同然になったわけだが、外貨はそうなっていないのである。それどころか、みんなが外貨を欲するため相対的に価値が高まったのだ。

ベネズエラでもそうだが、一般にはない物資も、あるところにはある。そして米ドルを持っていた人は、ちゃんと買い物ができる。最近ではビットコインに代表される仮想通貨も登場しており、それで決済することもできる可能性もある。つまり、自国の通貨以外の決済手段を用意すること、これこそが国家破産時にきちんと物資を調達したりして生活する唯一の方法なのである。

ただし、ここで一つ気を付けて欲しいことがある。それは治安が著しく悪くなると、外貨を持っている人は狙われやすくなることだ。そして注意すべきは、その強盗団の一味の中に以前は国民の味方であったはずの自分の〝国そのもの〟が仲間入りするという驚愕すべきことが起きるということだ。だから、国家破産時に警察を呼ぶとその警察官が物を盗んで行くという、わけのわからないことが起こるのだ。

たったこれだけの飲み物を買うのに信じられない額の札束が必要だ。

今日中に自分の番が来るかは誰にもわからない。

■ベネズエラの国家破産の現実

老人たちも年金の受け取りに車イスで銀行に並ぶが、もらった額で大したものも買えない。

銀行の前にひたすら長蛇の列を作る人々。

ただ、それはまだかわいい方で、国そのものが徴税権などを駆使し、国民の財産を無理矢理持って行こうとする。発狂した国家は、国民の財産を根こそぎ奪いに来る。国家そのものが襲い掛かって来るのだから、よほど周到に準備しておかなければ太刀打ちできない。

現在困窮を極めるベネズエラは、悪政によって国家破産を迎えた。日本はと言えば、失政によって国が乱れようとしている。アベノミクスで確かに株は上がったが、それは見せかけに過ぎない。日銀が、馬鹿みたいに国債を買うと同時にＥＴＦを大量に買ったのだから上がって当然だ。

現在続いている景気回復は、戦後最長を記録したという。しかし、所詮は見せかけの張りぼてだから、国民の実感はまったく伴わない。この見せかけの景気回復を作るためにアベノミクスという名の下、バラ撒くだけバラ撒いたわけで、そのツケはしっかり払うことになる。

ベネズエラと日本、原因は違ってもたどり着く場所は同じになりそうである。

第七章　ベネズエラは一〇年後の日本

――生き残りの道

ベネズエラの惨状は「対岸の火事」ではない！

国民生活の崩壊と激しい貧困、壊滅的な経済、劣悪な衛生状態、地球上最悪の治安、一握りの権力者たちによる不正と汚職――目をそむけたくなるようなベネズエラの惨状は、平和を謳歌する私たち日本人には想像を絶するような「地獄絵図」であろう。

私は長年世界中を取材してきた。いくつもの破産国家を訪れ、中には危険な目に合うような経験もしたが、基本的に内紛や戦争でも起きていなければ渡航し取材することはできた。しかしベネズエラの場合、明らかに異質である。なにしろ、紛争などが起きていないのに危険過ぎて取材はおろか渡航できず、そのため現地入りを断念したほどなのだ。つまり、これは私の経験上からしても極めて異常な状態と言えるのである。

しかし、「この世の地獄」は決して他人事ではない。私は、様々な状況を総合すると現在の「地獄のベネズエラ」の姿は、そのまま明日の「地獄の日本」の姿となるだろうと考えている。読者の皆さんの多くは「そんなバカな⁉」「大げさ過ぎる！」と感じるかもしれない。しかし、残念ながらその萌芽はすでに日本のそこかしこに根付いており、やがてその危機が大きく花咲けば私たちの生活に凶悪な害毒をもたらすことは確実だ。

この章では、ベネズエラのいくつかの事例を見ながら、将来の日本の姿を見通して行く。そして、地獄のようなベネズエラですらなんとか生き残っている人たちを教訓に、来たるべき「日本の地獄」をいかに生き残るか、その道筋についても探って行きたい。

国民を甘やかした国家は、いずれそのツケを国民に払わせる

ベネズエラが現在の「地獄」を招来した経緯をここまで見てきたが、端的に言えば「ポピュリズム」を志向した政治とそれを選択した国民に原因がある。

今回、一連の取材にあたって、現地在住の協力者に依頼してまとめさせたレポートを読むと、その生活のすさまじさに暗澹たる気分になる。そのいくつかをかいつまんで紹介しよう。

①電力不足で命の危機に

ベネズエラ西地区でもっとも人口が多いスリア州では、長期間にわたって電気のない生活を強いられている。カビマスという町では、変圧器の爆発によって二〇一八年の一年間でなんと一五五日もの間、電気が来ない地域があったというから驚きだ。学校に電気が届かず暗闇で授業を行なったり、明るい運動場で授業をすることもあったそうだ。小学生が家で宿題をするのに電気がないからとロウソクを灯すという話を聞くに至っては、思わず一五〇年前の日本の苦学生たちが経験した「蛍雪の功」を連想した。

またスリア州は一年中とにかく暑く、気温は三五〜四〇度にもなるという。エアコンが必須という環境なのだが、電力供給がストップした現在、住民は酷暑という「拷問に近い」生活を強いられている。しかも、電力が供給されても電圧が安定しないため、家電が簡単に壊れるというのだ。そのため、一度停電が起きると急いでコンセントを抜き、家電製品を急激な電圧変化から守らなければならないのだ。笑い話のようだが、彼らにとっては極めて切実な話である。

当然、冷蔵庫に入れている食料はすぐに腐ってしまう。少し経済的に余裕がある者は、自家発電設備や蓄電設備を整えたり、日持ちする備蓄品を買いだめするなど対策しているという。しかし、こうした対策が取れるのはまだマシな人々で、中には命の危険にさらされる者もいる。病気で透析を受ける人たちが、透析中に停電に遭って機械が止まり、身動きできなくなる事態が続出しているのだ。透析は定期的に行なわないとすぐに体内に毒素が蓄積し、命の危険にさらされる。もし仮に透析が一日遅れれば重篤な事態にもなりかねないため、彼らは常に死を覚悟しながらの療養生活を強いられている。

日本人の発想で言えば、電気の基となる石油が潤沢に産出される国家で電気が来ないなどとはにわかに想像できない。しかし、安定的な電力供給は単に燃料だけが問題ではない。発電、送電、配電など様々なインフラが適切に整備されて初めて実現するものだ。ベネズエラでは、こうした電力インフラの整備に足りないながらもそれなりの予算を付けているというが、実際に修理や整備はまったく追い付いていない。

実は、ここにも汚職や不正が蔓延しており、本当に必要なところにお金が回っていないのだ。二〇一八年五月、電力省の元副大臣による巨額不正が明るみに出て逮捕されたが、これとて氷山の一角である。独自の調査によれば、過去一〇年ちょっとの間に少なくとも約二三〇億ドル（約二兆五〇〇〇億円）の不正があったことがわかっている。これではいくら予算を付けても電力問題は解決されないだろう。

もはや財政破綻の問題ではなく悪人を粛清することが先決だが、結局のところ健全な政治運営ができないがゆえの国家破産であり、破産国家のドサクサゆえ起きる不正や腐敗でもある。おそらくこの状況を抜け出すには、少なく見積もって数年～一〇年単位での血の滲むような改革が必要となるだろう。

②老人は孤立し絶望のうちに死を迎える

ベネズエラでは、老後を迎えることはすなわち生き残りの戦いが始まることと同義である。日本では、定年退職し年金を支給されるようになれば悠々自適の生活が（とりあえず今のところは）待っているが、ベネズエラではまず生きるための食料品や、病気を抱える者であれば薬を入手するため朝早くからスーパーや薬局をはしごする必要がある。また支給された年金もハイパーインフレの影響ですぐに減価し紙キレとなるため、支給日には銀行の大行列に並んで待たされることになる（ただし、それでもその日のうちに受け取れる確証はない）。

それでも、家族と一緒に過ごせる人は幸せである。経済も治安もあまりにひど過ぎるため、ここ五年で全人口の一割に当たる三〇〇万人以上が国を捨て、隣国などに脱出している。この時、老人は置いてけぼりになることも多いというのだ。こういう人たちはホームレス老人となり、過酷な路上生活を強いられる。食べる物も着る物もなく、雨露をしのぐ場所すらなく、病気になっても薬一つ手にすることはできない。

と地獄」

〈地獄側〉

90％の国民はほとんどない食べ物を求めておそろしい列を作る。

一般人向けのスーパーには肉もほとんどない。

〈天国側〉

貧富の差は世界トップレベル。90%の国民が食べる物がない中で、白い豪華リムジンも。

■「天国

政府にべったりくっ付いて甘い汁を吸う人用のワイン専門店まである。

こうした路上生活者が溢れかえれば、当然治安の悪化や公衆衛生にも影響が著しい。弱者救済を建前とする現政権からすれば、こうした人たちを助けるのは当然である。実際、彼らは行く行くは施設に収容されることとなる。しかし、それでめでたし、というわけには行かない。

肝心の施設も政府が万全の支援をしているわけではなく、有志の寄付や入居者の家族が納める入居金で運営しているのが実情だ。結局、施設でも食事や医薬品が不足し、それが老人たちを苦しめることには変わりない。さらに、こうした施設は「姥捨て山」のような状態にもなっているという。家族が老人を連れて入居させる際には、「数ヵ月後には迎えに来る」と言って預けて行くが、そうした家族が結局姿を消し、音信不通になったりするというのだ。家族に捨てられたというショックで激しいうつ状態になり、そのまま死んで行く人たちもかなりの数にのぼっている。また、死んだ後も通夜や告別式、葬儀に家族が来ず、結局は赤の他人の施設員が行なっているという。もはや完全に「孤独死」状態である。「老い」とはすなわち「絶望」という、実に救いのない状況なのだ。

しかしこれはベネズエラ固有の問題ではなく、破産国家にはよく見られる話である。同様の話は、アジア通貨危機以降の韓国やロシアでも起きている。一九九八年の危機によって特に高齢者の貧困に拍車がかかった韓国では、以降の高齢者自殺率が跳ね上がり、重大な社会問題になっている。

結局のところ、いつの時代もどの国でも、国家の難事にしわ寄せをくらうのは老人や子供などの弱者なのだ。

③一部の金持ち以外、満足に医療は受けられない

当然ながら、現在のベネズエラでまともに医療を受けられるのは一部の富裕層に限られる。なにしろ、医療に関する「すべて」がまったく需要を満たせていない状態なのだ。

今、ベネズエラでは患者が自分で医薬品や医療用品を持ち込まないと治療が受けられないという。医薬品については、総需要のわずか一五％しか供給がなされていないというデータがある。ガンなどの深刻な病気にかかった場合、ほ

「なんとか生きて行くしかないわよ」と自分に言い聞かせるように答える老女。

年金をもらうために銀行に並んではみたが、いつ来るかわからない自分の順番を考えて、思わず座りこんでしまった老女。

やっとバナナが手に入って少し嬉しそうな老女。これまでどれほどの地獄を見てきたのか。

とんどの人々はなすすべなく死ぬのを待つしかないという。また、首都カラカスにはあらゆる疾患を診ることができるドミンゴ・ルシアニ病院という総合病院があるが、一三室ある手術室のうち、機能しているのは三つか四つだという。

しかもその数少ない手術室も、断続的にしかオペが行なわれていない。それもそのはず、前述の電気不足や水不足、医療品不足に加えて、そもそも医師がいないのだ。

医師はどの国でも専門的な知識・技能があり、元々優秀な人間がなることが多い。すると、ある程度以上の技能と最低限の語学力を身に付けてより安定的な国に出て行ってしまうのだ。実際、ベネズエラ医師たちの大半は、チリ、アルゼンチン、スペイン、アメリカなどに出て行った。国に残れば、劣悪な労働環境で膨大な数の患者をさばかなければいけないのだから当然である。

また、前述のドミンゴ・ルシアニ病院では、緊急治療室に収容能力を超えて患者が溢れかえっているという。治安の悪化でギャングによる暴力沙汰が激増し、彼らが担ぎ込まれているというのだ。さらには衛生管理にも不安があると言い、このまま行くと病院を感染源とするパンデミックすら発生する可能性もある。この状態は、一言で言えば「医療現場の崩壊」である。

かつて、ベネズエラは医療先進国だった。オイルマネーで大いに潤った八〇年代、心臓や腎臓の移植手術では先駆的で世界の医療技術をけん引する存在だったのだ。しかし国家は破綻し医療は崩壊した。今や移植手術も行なわれず、それどころか先進国では標準的なガンやＡＩＤＳなどの病気を治療することすら困難な状況である。

④観光業は数少ない国内産業

様々な産業が景気後退と最悪の治安の影響で大きな打撃を被っているが、観光産業も例外ではない。とは言っても、ベネズエラの観光業はその中にあってはまだ〝マシ〟な部類と言えるかもしれない。マルガリータ島、ロス・ロケス諸島とカナイマ国立公園、そして世界一の落差を誇る滝「エンジェルフォール」など、外国人を引き寄せる観光資源があるためだ。一部の観光客たちは、劣悪な治安状態ながらも引き続きベネズエラを訪れており、彼らの貴重な収入源になっている。

しかしながら、今後は予断を許さないという。もっとも恐れることは、マドゥロ政権が急進化し完全な共産主義国家にしてしまうことだそうだ。観光業で三五年のキャリアを持つギジェルモ・ラゴス氏は、次のように取材に答えてくれた。「一番怖いのは政府が私的所有権を廃止し、オフィスを取り上げられ、ボリバル（自国通貨）の銀行口座を凍結されることだ」。

国が民間の事業や資産を差し止め、没収するなど到底私たち日本人の想像できる事態ではないが、共産主義国家（あるいは独裁国家）では決して珍しいことではない。観光業は、歴史的に見ても国策が影響する産業分野であり、かつての日本でも観光業はもっとも規制が強い公企業的な位置付けであった。国家が破綻し、財政再建の中で外貨獲得が可能な観光業が注目されれば、大いに規制を受けることになるのは避けられないだろう。

⑤ベネズエラでも観測された通貨の「ドル化」

破綻国家では、自国通貨に代わって基軸通貨である米ドルが流通するようになることがわかっている。専門用語でこのことを「ドル化」と呼ぶが、今回のベネズエラでもこの現象が観測されている。

ハイパーインフレに見舞われれば、当然誰も自国通貨を使いたがらなくなる。それに代わる貨幣価値の保全方法として、世界中どこでも通用する米ドルに財産を転換するようになるのである。二〇一八年八月、ベネズエラでは外国通貨を規制する法令が廃止された。外貨を使った取引が合法化され、公にドルの売買が可能になったのである。しかし、ベネズエラには以前から闇取引で米ドルが広く流通しており、中央銀行が設定する安い公定レート以外に「並行レート」もしくは「闇レート」と言われる高いレートが存在した。

そして、ここにきて中流～上流階級が利用するスーパーでは米ドル建てでの売買が急増しているという。表立っては政府の監視もあって自国通貨ボリバルで値段が表記されているが、客の求めに応じて外貨での買い物にもすんなり応

人の腕が無数に飛び出したまま走らざるを得ない。

一応天井は付いてはいるが雨が降ればずぶ濡れだ。人は牛馬のようにトラックの荷台に揺られて行く。

やっと発車したバス（実際にはトラック）からは人がはみ出している。

じるというのだ。当然、こうした商店の品ぞろえは充実しており、利用者たちは何ら問題なく買い物をして生活することが可能だ。もちろん、上流階級向けであるため、一般庶民には高過ぎてとても手の届く値段ではない。

こうした状況は、かつて取材したジンバブエやギリシャ、トルコなどどこでも同じであった。国にモノがまったくないのではない。庶民に手が届かないだけであるところにはあるのである。そして、こうしたところでは米ドルが絶対的とも言える強い力を持っているのだ。

ベネズエラで「ドル化」が観測されたということは、同国が完全に国家破産状態であることを、もっとも端的に象徴していると言えるだろう。

日本国破産で起きること

このように見て行くと、日本がベネズエラのように国家破産の地獄を見るのはもはや確実という外ないだろう。

ひたすらに国民を甘やかすバラマキ政策を展開し、借金を増大させる構図は日本にも共通する致命的な政策的欠陥である。日本にはベネズエラのような地下資源はないが、高度経済成長を通じて蓄えた国富がある。歴代の政権はこれを食い潰すがごとく国債を発行しまくり、それを原資に年金、医療、介護、子育てまで「全世代型社会保障」と称した人気取りのバラマキを行ない、果ては消費税増税対策として複雑怪奇な制度導入に走っている。

ベネズエラではかなり以前からジワジワと国民生活が傾き、そして原油急落を契機に奈落の底に転落した。それと同じような現象が日本にもそう遠くない将来に訪れることになるだろう。そして、現象面としては先述したようなことが日本にも起きることとなる。電力供給の停止、「姥捨て山」のような老人の孤立化と貧困経由の死、医療現場の崩壊、そして著しいインフレと「ドル化」――想像しがたいかもしれないが、すでにその兆しは日本の貧困層に見て取れる。

まず電力については、インフラ面では安定供給されているが、本当の貧困層では電気を使うこともままならない人たちがいる。実際に、電気代がかかるからとわざわざブレーカーを落として節約する人が日本にもいるのだ。それも単なる節約ではなく、深刻な貧困によってそうせざるを得ない人たちである。いずれ国家破産状態になり、財政が十分な社会保障費用を捻出できなくなれば、生活保護を受けている層の一部はまさに「電力難民」化することになるだろう。

「姥捨て山」化も待ったなしの深刻な問題だ。二〇一六年に刊行した『あなたの老後、もうありません！』（第二海援隊刊）では、財政破綻による社会保障の崩壊で年金カット、介護・医療の現場は崩壊し、老人を介護施設という「姥捨て山」に預ける将来が招来する可能性に言及した。しかし国家破産したベネズエラでは、すでに「姥捨て山」が現実のものとなっているのだ。これは間違いなく近未来の日本にも訪れる事態である。現に、日本の高齢者を取り巻く問題として「孤独死」や「老齢貧困」などは顕在化しつつある。「隠れ姥捨て山」のような話は、私たちが知らないだけで深刻な問題になっているのだ。同様に、よほどの金持ち以外まともな医療にかかることもできなくなるだろう。すでに過疎地などでは医師のなり手がおらず、「医療難民」が現実の問題となっている。

こうした話をすると、「豊かな日本で本当にそんなことがあるのか?」という方が少なからずいる。ハッキリ言おう。日本の現状はもう「一億総中流」などという甘いものではない。明確な格差社会になりつつあると。

ＯＥＣＤによると、二〇〇〇年代半ばの調査ですでに日本は加盟三〇ヵ国中四番目に貧富格差が激しい国に位置付けられている。「相対的貧困率」という指標を使い、国民の大多数より圧倒的に所得が低い人々の割合を測ったもので、日本では国民の約一五%が「貧困層」となっている。少なくとも、六人に一人は貧困層ということだ。当然、こうした調査上の「貧困層」の中には親や家族の財産をアテにして気楽に暮らしている者もいるだろうが、前述したようなギリギリの生活を強いられている者がほとんどだろう。また、日本人固有の「恥の文化」により、経済的困窮の実情をひた隠しにする人たちも少なくない。

職場やご近所などで顔を合わせる人は自分の属する階層に近い人たちが圧倒的に多い（コミュニティの同質性）ため、特に中流以上の生活を送っている人たちにとって、身の回りにはびこる貧困には気付きにくい。しかし、実は私たちが認識する以上に日本の貧富格差は大きいのである。そして恐ろしいことに、一度貧困層に転落してしまうとそこから抜け出すことが極めて難しくなる。

今のところまだベネズエラほどには顕在化していないが、いずれ格差社会が進展すれば、現状に不満を持つ人たちが政権転覆をもくろんでもおかしくないだろう。かつてのチャベスのような人間が日本に登場しないとも限らない。あるいは、その時の為政者が目先の人気取りのためにさらなる無謀なバラマキ政策を加速することもあるだろう。大半の国民が貧困にあえぎ、為政者は甘言で貧民を弄する……そうなれば、日本は超特急で「地獄」にまっしぐらである。

あなたはいかにして生き残るか

さて、日本がベネズエラのようになる日が刻々と近付いていることを見てきた。国家破産すると、国民の大半が貧困層に転落するという極端な状態に陥るが、逆に考えれば国家破産状態になっても貧困層に転落しさえしなければ、辛うじて生き残ることは可能となるということだ。そして、もう少しその考えを進めて行くと、やり方次第では国家破産のドサクサを逆手に取って資産を大きく殖やすことも可能であることがわかる。国家破産のような有事には、ごく一部の人だけが気付いて使える「その時固有の勘所」を掴むことで大きなチャンスを得ることができるのだ。

本項では、「ピンチを逆手にチャンスを得る方法」については割愛するが、ベネズエラ取材で改めて確認した生き残りのための資産防衛法について見て行く。私の書籍を何冊か読んだことがある方は、過去に紹介したものと同じ内容のものも多いことに気付くことと思うが、逆に言えばそれだけ普遍的な国家破産対策ということが言えるだろう。ぜひとも今一度しっかりと復習し、来たるべき日本国破産にも万全の備えを行なっていただきたい。

①海外口座に資産を預ける

今回の取材でもハッキリとしたのは、海外口座に資産を預けていた人たちは、資産へのダメージが少なく、また比較的自由に国内での生活もできていたということだ。ベネズエラは隣国と地続きで公用語も中南米のほとんどの国で使われるスペイン語であり、一方でアメリカとの経済的関係も深いため、上流階級は国外でもビジネスを行ない、生活する拠点を持っていることが多い。アルゼンチンやチリ、ブラジル、アメリカやさらには大西洋を挟んでスペインまでをも股にかけた事業を行なっているという人もいるが、彼らは当然、資産管理を自国内では完結させない。これが、資産防衛の要になるのだ。

いかに独裁的な政権運営を行なうベネズエラでも、グローバルに展開する彼らの資産を捕捉し差し押さえることはできないし、また彼らがベネズエラ国内で海外口座から引き出した資金を使うことも規制できない。大資産家でなくとも、海外に資産預入先があるだけでまったく生活防衛の質が変わってしまうのだ。となれば当然、私たち日本人も同様に海外口座を持つことは資産防衛上極めて重要だ。

では、具体的に私たち日本人が保有するのに適切な海外口座とはどんなものだろうか。私は長年国家破産の研究をし、世界中の金融機関についても調査してきたが、そのノウハウと実際に口座を保有した経験から、何点かのポイントが重要と考えている。それは以下のようなものだ。

一、国、銀行の健全性
二、口座開設条件が高過ぎない
三、日本語での対応サービスがある
四、イザという時、専門家のサポートが受けられる

いずれも極めて基本的なことだが、今これらの条件を満たしていて資金を預けてもある程度安心な銀行は、実は存外に少ない。日本では一時期、香港やオーストラリアの銀行口座開設がブームとなったことがあったが、こうした銀行は現在では日本語サポートの終了やネットバンキングへの移行、口座維持条件の引き上げなどで状況が大きく変化し非常に使い勝手が悪くなり、口座を解約せざるを得なくなる人も続出している。

こうした状況変化などを加味すると、基準を満たしているのは三ヵ国、四つ

の銀行に集約される。具体的な銀行名はここでは伏せるが、国としてはシンガポール、ニュージーランド、そしてアメリカだ。

いずれも現地渡航による開設手続きが必要となり、また細かい開設条件も異なるが、日本人による活用実績が豊富で信頼に足る銀行ばかりである。また、これらについては私が主宰する投資助言組織「ロイヤル資産クラブ」「自分年金クラブ」で専門スタッフのサポートを受けることもできる。

国家破産時に非常に心強い海外口座だが、もちろん万能ではなく、注意点もある。まず、本稿執筆現在（二〇一九年二月下旬）、世界の経済情勢は「嵐の前の静けさ」とも言うべき予断を許さない状況であり、国内外を問わずいかに健全性が高く財務基盤が安定している銀行でも不測の事態に見舞われ預け入れ資産に影響がおよばないとも限らない。そのため、あまり大きな資産割合をこうした海外口座に預け入れることには慎重になるべきである。

その一方で、金融機関の世界的な潮流は非居住者の口座保有を縮小する傾向にあり、私が推奨する海外の銀行においても口座開設ができなくなるなど状況が変化する可能性がある。もし、これから海外口座を持とうという場合は、とにかく早く着手した方がよい。また、すでに保有している口座は極力維持し、来たるべき国家破産時に活用できるようにしておくことだ。

海外の銀行は、日本の銀行と異なり決して預けっぱなしにしておいてはいけない。定期的に入出金をしないと口座が凍結され、国によっては国庫に没収されて取り戻すことが極めて困難になることもある。また、銀行側にしてみると「素性のわかりづらい外国人」であるため、身元確認書類の提出などを定期的に要請する場合もある。銀行のルール変更によって、関係書類の作成などを依頼されることもある。こうした対応を怠りなく行なって行くことが必要だ。

さらに口座に利息が付く場合には日本での納税義務が発生するため、毎年確定申告を行なわなければならない。こうしたメンテナンスを適切に行なうことが、海外口座活用には重要となってくる。もちろん、こうした事項も頼れる専門家がいれば難なくこなせるため、海外口座保有とセットで活用を検討したい。

②外貨を持つ

ベネズエラ取材でもう一つ、必ず出てきたのが「米ドルを持っておく」ことの重要性だ。前述したように、二〇一九年現在ではベネズエラ国内の「ドル化」はかなり進展している。ドル建てで資産を保有するだけでなく、日常の消費活動においても米ドルで売買する局面が目に見えて増えているという。

一方、一〇〇〇〇万％という加速度的なハイパーインフレによって、自国通貨ボリバルはすさまじい勢いで紙キレと化している。当局の監視があるため全面的に米ドルで生活できるわけではないが、もはや米ドルは生活防衛の「必需品」になっているのだ。

こうした状況は、二〇〇〇年代初頭のトルコ、一九九〇年代終わりのロシア、二〇〇八年以降のジンバブエなど破綻国家のいずれでも見られた現象だ。使う時だけ米ドルから自国通貨に両替するケースと、米ドルがそのまま事実上の流通通貨になるケースがあり、日本がいずれの道を歩むかはわからないが、少なくとも国家破産時には米ドルが必需品になることは間違いない。

では、米ドルをどのように持つべきか。まず、生活防衛用にはキャッシュ（現金）を自宅保管することを強くお勧めする。日本では今のところ、銀行や空港の両替カウンター、金券ショップなどで米ドルキャッシュを入手可能だが、交換レートはまちまちだ。有利なレートのところをうまく探すのが賢い方法だろう。銀行は身近な入手先だが、いっぺんに多額の現金を交換するべきではない。なぜなら、金種を指定できず一〇〇ドル札ばかりが出てくるからだ。

「ドル化」が進み、実際に米ドルを使うような局面になると、大きな金種は実は非常に使いづらいことがわかる。二〇一五年夏に銀行封鎖を行なったギリシャでは、一ユーロや五ユーロといった小額紙幣が枯渇し、お店で一〇〇ユーロ札が使えなくなるといった事態が多発した。国家破産になれば、米ドルの需要が急速に膨らみ、特に小額紙幣から入手困難になることが予想される。

そのため、もし現金を入手するなら一ドル、二ドルなどの小額紙幣を中心に用意することをお勧めする。そのためにはいっぺんに両替してはダメで、たとえば数万〜一〇万円程度を何回にも分けて替えることだ。当然、時間も手間もかかるため、早くからコツコツと取り組まなければならない。もしこれから取り組むという方は、本書を読み終わったらすぐに取り掛かることをお勧めする。

次に現金以外の米ドルの保有方法だが、邦銀の外貨預金は基本的にまったくお勧めしない。預金保護の対象外であり、また国家破産時に財産税の対象にもなりうるためだ。まだしも、証券会社の外貨MMFで保有する方がマシというものだが、それでも当局の対応如何ではやはり心許ない。

最良なのは、やはり海外口座を持ってそこに入れておくことだ。海外口座の場合、イザという時に日本国内で引き出せることも期待できる他、デビットカード機能（海外口座のカードにはこの機能が付いているものが多い）を利用して少額の買い物ができる点も魅力だ。実際、二〇一五年の預金封鎖時のギリシャでも、海外口座や海外カードでの取引は問題なく行なわれていたし、現在のジンバブエでも同様である。数千万円程度の資産を持っている方は、米ドルキャッシュ、海外口座はいずれも必須の対策としてぜひ実践していただきたい。

③国外の一時避難先を確保する

ベネズエラほどの状態になるかはわからないものの、日本の治安も国家破産によって相当悪化することは十分に覚悟すべきである。空き巣や強盗の被害から資産を守るために、堅牢な金庫を自宅に設置し、セキュリティ装置などを導入するなど、しっかりとした対策を施したい。

しかし、何よりも恐ろしいのは命の危険にさらされることだ。家で強盗に押し入られ、殺されでもしては元も子もない。身の危険を感じるような状況では、多少の資産をかなぐり捨ててでも潔く逃げるのがもっとも賢い選択である。

避難先だが、国内で安全に身を寄せる場所があれば良いが、全国どこも劣悪な治安状態ということも十分予想される。そのため、一時的にでも身を寄せられる海外の避難先を準備しておくことは非常に重要である。ベネズエラにおいては、もはや国民の一割に当たる三〇〇万人強が国外に避難して行った。ジンバブエでは人口の四分の一が流出したとも言われる。

少しでも資産があり、あるいは若くて多少の能力がある人にとって、国から避難するのが国家破産への究極の対応方法となるのだ。ぜひとも、そうした場所を作ることを検討していただきたい。

私がもっともお勧めする避難先は、なんと言ってもニュージーランドだ。先進国でありながら自然が豊かで、周りを海に囲まれているため紛争問題とも縁が薄い。国民性はおだやかで犯罪や汚職もまれ、さらに差別も非常に少ない。二〇一九年現在は不動産バブルと家計債務問題で目先の状況は不安定だが、日本が有事の頃には逆に非常に安定した避難先として有用だろう。永住やビジネスのハードルは少々高いが、短期滞在であればまったく支障はない。もし避難先を確保することを検討するなら、何度か渡航して現地調査を行ない、避難時をイメージした準備を行なうことをお勧めする。

もちろん、この他に東南アジアやヨーロッパなどを候補地としても良いだろう。ただ、いずれの場合もきちんとした調査と準備は必須である。時間がかかることでもあるため、これも早めに着手することを強くお勧めする。

④その他の資産（株、不動産、現物資産など）について

ベネズエラでは、ハイパーインフレ対策として衣類や靴、車やバイクの部品などの必需品を買うといった話を聞いた。実は、同様の話をジンバブエやアルゼンチンでも聞いたことがあるのだが、恐らくこのような日用品を現物資産として保有するという方法は、国家破産が本当に末期的状況でモノが入手困難な場合に限られ、またその効果も非常に限定的と考えられる。

となると、今から行なう資産防衛としては別の物が候補となるだろう。いくつかの例について具体的に見て行く。

■不動産

結論から言うと、不動産は国家破産対策として不適格である。それにはいくつかの理由がある。まず、現金化までにかなり時間がかかる。それに、少子高齢化する日本では不動産需要は基本先細りとなる。さらに、国家破産によって財政危機に陥れば、固定資産税や不動産特別税の増税といった危険も現実のものとなる可能性がある。つまり、不動産は「売れない」「資産価値はない」「重

税はかかる」と言うロクな資産にならないということだ。

日本では最近まで不動産投資がブームであったが、オリンピックも近付きもうそろそろ終焉を迎える時期に差しかかっている。世界中の不動産バブルもピークに差しかかり、香港やオーストラリアではすでに価格が下落に転じている。こうした世界的な不動産の潮流を考えても、不動産での資産防衛は行なわない方が良い。

不動産についてもう一点言及しておくと、ローンの残債がある方はなるべく早く手仕舞いすることを検討した方が良い。通貨危機時の韓国では、一時市中金利が三〇%近くにまで急騰する中で住宅ローン金利も急騰し、家を手放した人が続出した。自宅ならまだしも借り入れして不動産投資している場合、物件を手放すのみならず借金まみれになるリスクすらあるのだ。国の借金とは異なり、個人の借金は地獄の底まで付いてくる。くれぐれも注意していただきたい。

■株式

株については、不動産のように一概に保有不適格とは言えない。特に、これからの激動の時代にあっては株は機動的な扱いが必要となるだろう。まず、恐慌相場ではほとんどの株は資産価値を大きく減らすことになる。したがって、恐慌期には株は持つべきではない。一方、国家破産局面ではむしろインフレ対策的な意味合いからも株式市場に大量の資金が流入し、資産価値が上昇する可能性がある。

私は、今のところ二〇一九年後半～二〇二〇年に大きな暴落が到来すると読んでいるが、それを頼りにするならば目先では株式はすべて手仕舞いである。塩漬け株がある場合もとにかくこの機会に一斉処分した方が良い。

逆に、恐慌相場で株式がひとたび暴落したら、その後は絶好の買い場と見てよい。特に、国家破産的状況になればさらに相対的に株価は上昇するだろう。こうした性質をしっかり押さえておけば、株式をうまく使って資産倍増を狙うことも可能になるのだ。

■金（ゴールド）

さて、続いて現物資産を見ていこう。金《きん》は「有事の金《きん》」の言葉通り恐慌時には相対的に価値を増す可能性が高いため、現金に準じる資産として全体の一〜二割程度まで保有しても良いだろう。ただし、金《きん》にはいくつかの注意点がある。

まず、金《きん》は資産性が高く国家の有事には当局もそのありかを捕捉、接収する可能性がある。一九三三年、世界恐慌後の大不況にあえぐアメリカでは実際に大統領令によって金《きん》の供出（事実上の没収）が行なわれた。他にも、非公式ながら金《きん》の没収を画策した国があり、金《きん》保有は資産保全として有効な反面、怖い部分がある。

また、有事にイザ金《きん》を売却しようとしても、偽物が横行する時期などは容易に引き取ってもらえない可能性も高い。米ドルほどには融通が利かない可能性が高いのだ。さらに、もし仮に換金できる状況であったとしても、たとえば一キログラムの地金は額面が多過ぎて取り回しが悪い。極端な話、一キログラムを換金して五〇〇〇万円になったとしても、ハイパーインフレのまっただ中であればあっという間に減価してしまう。となると、より小さい単位の金《きん》の方が現実的に取り回ししやすいということになる。たとえば数十グラム程度の地金や一オンス金貨などの方が、使い勝手が良いだろう。ある程度資産がある人ならば地金を持つのも一手だが、同時にコインなど小さい単位のものも保有しておくのが良いだろう。

■番外：ダイヤモンド

同じく現物資産であるが、金《きん》とは異なった特長を兼ね備えたものを紹介しておこう。それは、ダイヤモンドだ。今まで見てきた資産防衛法にプラスαの効果を期待できるため、資産に余裕がある方はぜひ検討して欲しい。

ダイヤモンドは小さく持ち運びがしやすい上、金属探知機にも引っかからない。そのため、たとえばイザ海外に避難という時、金《きん》に比べて扱いやすい。さらに、ダイヤはあくまで宝飾品として嗜好性の高い物品と認知されているため、金《きん》のように捕捉・接収される危険が非常に低いのだ。こうした事情を考えると、ダイヤを全資産の一部に組み込んでおくことは、行く行く非常に有用である。目安としては、全資産の一割程度が妥当だろう。

ただ、ダイヤにも注意点がある。まず、ダイヤは金《きん》とは異なり「どこで買うか」が非常に重要で、買い付け先を間違えると致命的とも言えるほど資産保全の効果がなくなってしまう。間違ってもデパートや宝飾品専門店で買ってはいけない。ダイヤの選び方やどこで買うのかについては、拙書『有事資産防衛 金か？ ダイヤか？』（第二海援隊刊）に詳しく解説しているのでぜひ参考にして欲しいが、ダイヤはある意味特殊な資産クラスになるため、適切な業者選びを慎重に行なっていただきたい。

保管に関しても、超高温や低温下での保管は厳禁である。またダイヤは、小さく軽く探知器にも引っかからないことから、たとえば雑然とした部屋で手からこぼれてしまえば、簡単に紛失してしまう。冗談のように聞こえるかもしれないが、「紛失リスク」はダイヤの業界関係者では常識になっており、取り扱う時には細心の注意が必要となる。

そして、金《きん》・ダイヤのいずれにも言えることだが、現物資産は基本的に業者に保管を任せず、自分の手元で管理すべきである。銀行の貸金庫などに保管したくなる気持ちはわかるが、ロシアではかつて貸金庫の中まで接収されたことがあった。「国家は暴力装置になる」とは気鋭の財政学者・小黒一正氏の言葉だが、国家破産になればそれこそ国はなり振り構わず国民の財産を取りに来る。最終的に信じられるのは自分だけ、という状態であるから、命の次に大事な資産は他人の手に委ねず、必ず自分の手で守ることを肝に銘じていただきたい。

結局は「有事に備えた者」だけが救われる

今回、多くのベネズエラ人に取材を試み、また現地の協力者を得て様々な情報を集めてもらったが、他の破産国家同様の結論に至った。

過去の幸せな生活の記憶を引きずって何も対策せずに安穏と過ごしていた人たちは、国家破産の激流に翻弄され、身ぐるみはがされて地獄のような生活を強いられている。その一方で、国家は万能ではなくむしろ疑ってかかって自分なりの対策をいろいろと講じた人たちは、自身の資産を守り地獄行きを回避している。米国の著名な投資家カイル・バスは「決して政府を信じない方がいい。

危機は突然、やって来る」と言った。まさにその言葉通り、政府は万能と信じることなく、自分自身で大切な資産と命を守り抜くことが何より重要である。

インタビューしたベネズエラ人たちの悲痛な訴えや、涙ながらに語ってくれた様子を思い出すにつけ、胸が締め付けられるような思いに何度も襲われるが、一方で私たち日本人にとっては、彼らはまた一つ非常に貴重な教訓を与えてくれた。私たちがこうした貴重な情報に報いるには、少なくとも本書をお読みいただいた読者の皆さんには、日本に国家破産が起きてもたくましく生き抜き、資産を防衛して日本再興の力になっていただくことに尽きる。

本書を参考に大いに生き残り策をめぐらせていただき、明るく激動の時代を乗り切っていただけることを切に願って筆を置く。

エピローグ

ベネズエラの現実は、将来の日本の姿なのか⁉

ベネズエラという国は、三十数年前夢のような国であったという。カリブ海に面したこの国は熱帯にあるにも関わらず、首都カラカスは海に近い上に標高一〇〇〇メートルという高地にあるため、涼しく、湿気もなくて風もさわやかで、人々は世界一明るく気さくだった。石油も豊富に出るため、国は豊かで人々は世界トップレベルの生活を満喫していた。ミスコンの美人コンテストでも何度も世界一に輝き、あのヨーロッパ人ですらこの国にぜひ移住したいと思い、実際多くの人々が移り住んで来た。

ところが、三十数年後の現在、この国は〝この世の地獄〟と言われるまでに経済が崩壊し、奈落の底まで転落した。その原因は、国民におもねってバラマキをするポピュリズム（国民の不満に迎合して後先のことを考えずに甘い政策を繰り返す）であった。

今日も居場所を求めて路上をさまよう人々。

ベネズエラ人は元来、明るく笑い顔も優しい。

あなたは何かを思い出さなかったか。そう、あのアベノミクスだ。痛くてつらい改革を避けて、日銀を使って国債と株と不動産を買いまくって将来のツケを先送りするというあの手法を。

しかし残念なことに、ベネズエラ政権も最後は国家破産し、食べ物も未来もないという状況下で、政権の無策を訴えるデモを弾圧し、秘密警察に反対派を捕えさせている。日本が将来そうならないと、誰が断言できるだろうか。もうすぐやって来る恐慌から景気を回復させようと、さらに安倍政権はバラマキを強行するだろう。その行き付く先は、国家破産だ。死への行進は始まったのだ。

世界最速で進む少子高齢化はもう誰にも止められない。ということは、国家破産もここまで来ると誰にも止められないということだ。二〇二五年のある日から、その激痛が襲って来るだろう。

もはや、あまり時間の余裕はない。早く備えよ、手を打とう。備えさえあれば憂いなしの言葉通り、十分に手を打った者にのみ、安全と安寧が保証されることだろう。ぜひ、読者諸氏が生き残って素晴らしい老後を迎えられることを

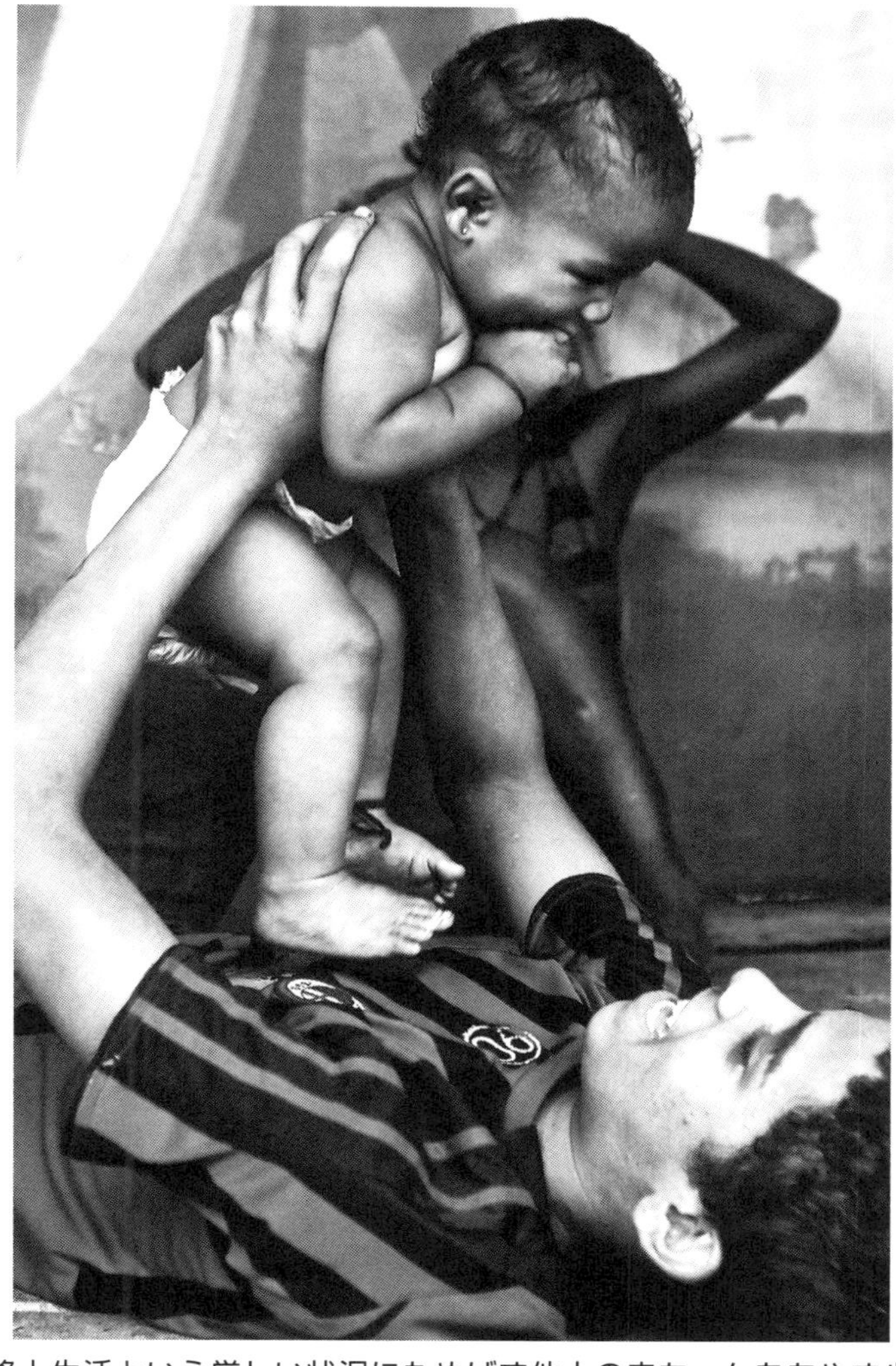

路上生活という厳しい状況にもめげず他人の赤ちゃんをあやす少年。
最後は助け合いしかない。

祈って筆を置くことにしよう。

二〇一九年三月吉日

浅井　隆

■今後、『都銀、ゆうちょ、農林中金までつぶれる!?』『いよいよ、恐慌目前!株価大崩壊』（すべて仮題）を順次出版予定です。ご期待下さい。

浅井隆からの重要なお知らせ

——恐慌および国家破産を勝ち残るための具体的ノウハウ

「ベネズエラ子供救済募金」のご案内

本書で述べてきたように、今のベネズエラには食べ物も水も電気やガスも薬もありません。そんな中で多くのベネズエラ人が、常に死の恐怖に脅かされながら日々を送っています。外国に逃れたとしても、母国に残した家族や友人を助けるために必死に働いて送金をしています。

衛生的にも最悪の状況で、病気になってもワクチンも手に入らないために、多くの赤ん坊や子供たちが命を落としています。そこで私は、次の世代の担い手であるベネズエラの子供たちのために「ベネズエラ子供救済募金」を立ち上げることにしました。辛い思いをしているベネズエラの子供たちにできる範囲で手を差し伸べて行きたいと思っています。

私には六年前に立ち上げた子供たちのための支援活動団体「CheFuKo」が支援をしているネパール、ウクライナでの実績があります。ベネズエラについても、確実に支援金や支援物資を届けたいと思います。ご賛同、ご協力をいただける方は、「CheFuKo」（一般社団法人 世界の子供たちのために）〈TEL：〇三（五五七七）三一五五〉までお問い合わせください。

ベネズエラ子供募金：個人一口一〇〇〇円／月（学生一口五〇〇円／月）
　　　　　　　　　　法人一口五〇〇〇円／月。

浅井隆が緊急取材を敢行！「ベネズエラ・アルゼンチン」国家破産の全貌を知る講演会　特別受講のご案内

トルコ、アルゼンチン、ロシア、韓国、ギリシャそしてジンバブエと、国家破産した国々を現地取材して来た国家破産研究の第一人者、経済ジャーナリストの浅井隆が今度は大混乱中の南米を取材してきました。現地に在住していた邦人の体験談も交えながら、国家破産の実像をお伝えします。去る一月二四日に大好評を博した第一弾講演会を受けて内容をさらに改良し、二〇一九年七月二五日（木）に第二弾講演会を開催します。ぜひ、ご参加ください。

詳しいお問い合わせ先は、㈱第二海援隊（三〇六ページ参照）まで。

厳しい時代を賢く生き残るために必要な情報収集手段

日本国政府の借金は、先進国中最悪でGDP比二四〇％に達し、太平洋戦争終戦時を超えていつ破産してもおかしくない状況です。国家破産へのタイムリミットが刻一刻と迫りつつある中、ご自身とご家族の老後を守るためには二つの情報収集が欠かせません。

一つは「国内外の経済情勢」に関する情報収集、もう一つは「海外ファンド」や「海外の銀行口座」に関する情報収集です。これらについては、新聞やテレビなどのメディアやインターネットでの情報収集だけでは十分とは言えません。

私はかつて新聞社に勤務し、以前はテレビに出演をしたこともありますが、その経験から言えることは「新聞は参考情報。テレビはあくまでショー（エンターテインメント）」だということです。インターネットも含め誰もが簡単に入手できる情報でこれからの激動の時代を生き残って行くことはできません。

皆さんにとって、もっとも大切なこの二つの情報収集には、第二海援隊グループ（代表：浅井隆）が提供する特殊な情報と具体的なノウハウをぜひご活用下さい。

〝恐慌および国家破産対策〟の入口「経済トレンドレポート」

皆さんに特にお勧めしたいのが、浅井隆が取材した特殊な情報や、浅井が信頼する人脈から得た秀逸な情報をいち早くお届けする「経済トレンドレポート」です。今まで、数多くの経済予測を的中させてきました。

そうした特別な経済情報を年三三回（一〇日に一回）発行のレポートでお届けします。初心者や経済情報に慣れていない方にも読みやすい内容で、新聞やインターネットに先立つ情報や、大手マスコミとは異なる切り口からまとめた情報を掲載しています。

さらにその中で恐慌、国家破産に関する『特別緊急警告』も流しております。「激動の二一世紀を生き残るために対策をしなければならないことは理解したが、何から手を付ければ良いかわからない」「経済情報をタイムリーに得たいが、難しい内容にはついて行けない」という方は、まずこの経済トレンドレポートをご購読下さい。経済トレンドレポートの会員になられますと、講演会など様々な割引・特典を受けられます。詳しいお問い合わせ先は、㈱第二海援隊まで。

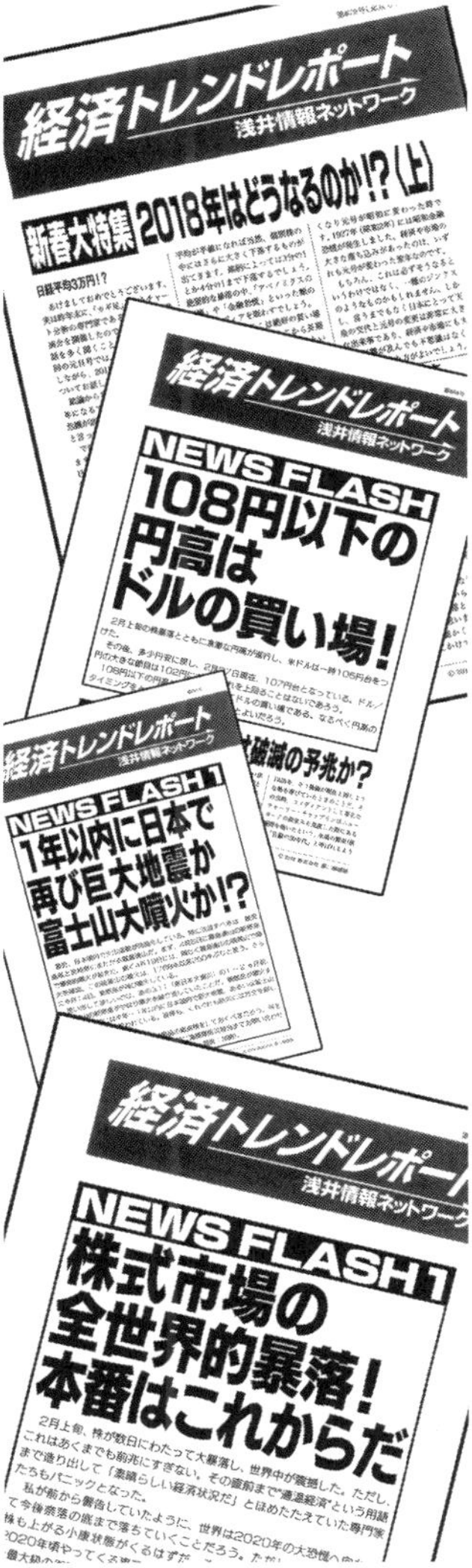

浅井隆のナマの声が聞ける講演会

著者・浅井隆の講演会を開催いたします。二〇一九年は福岡・四月一九日（金）、名古屋・四月二六日（金）、東京・五月一〇日（金）、広島・五月一七日（金）、大阪・五月二四日（金）、札幌・六月七日（金）を予定しております。国家破産の全貌をお伝えすると共に、生き残りの具体的な対策を詳しく、わかりやすく解説いたします。

活字では伝えることのできない肉声による貴重な情報にご期待下さい。

詳しいお問い合わせ先は、㈱第二海援隊まで。

■第二海援隊連絡先

TEL：〇三（三二九一）六一〇六　　FAX：〇三（三二九一）六九〇〇

Eメール：info@dainikaientai.co.jp ホームページアドレス：http://www.dainikaientai.co.jp/

恐慌・国家破産への実践的な対策を伝授する会員制クラブ

国家破産対策を本格的に実践したい方にぜひお勧めしたいのが、第二海援隊の一〇〇%子会社「株式会社日本インベストメント・リサーチ」（関東財務局長（金商）第九二六号）が運営する三つの会員制クラブ（「自分年金クラブ」「ロイヤル資産クラブ」「プラチナクラブ」）です。

まず、この三つのクラブについて簡単にご紹介しましょう。「自分年金クラブ」は、資産一〇〇〇万円未満の方向け、「ロイヤル資産クラブ」は資産一〇〇〇万〜数千万円程度の方向け、そして最高峰の「プラチナクラブ」は資産一億円以上の方向け（ご入会条件は資産五〇〇〇万円以上）で、それぞれの資産規模に応じた魅力的な海外ファンドの銘柄情報や、国内外の金融機関の活用法に関する情報を提供しています。

恐慌・国家破産は、なんと言っても海外ファンドや海外口座といった「海外の活用」が極めて有効な対策となります。特に海外ファンドについては、私たちは早くからその有効性に注目し、二〇年以上にわたって世界中の銘柄を調査してまいりました。本物の実力を持つ海外ファンドの中には、恐慌や国家破産といった有事に実力を発揮するのみならず、平時には資産運用としても魅力的なパフォーマンスを示すものがあります。こうした情報を厳選してお届けするのが、三つの会員制クラブの最大の特長です。

その一例をご紹介しましょう。三クラブ共通で情報提供する「ATファンド」は、先進国が軒並みゼロ金利というこのご時世にあって、年率六~七%の収益を安定的に挙げています。これは、たとえば三〇〇万円を預けると毎年約二〇万円の収益を複利で得られ、およそ一〇年で資産が二倍になる計算となります。しかもこのファンドは、二〇一四年の運用開始から一度もマイナスを計上したことがないという、極めて優秀な運用実績を残しています。日本国内の投資信託などではとても信じられない数字ですが、世界中を見渡せばこうした優れた銘柄はまだまだあるのです。

冒頭にご紹介した三つのクラブでは、「ATファンド」をはじめとしてより高い収益力が期待できる銘柄や、恐慌などの有事により強い力を期待できる銘柄など、様々な魅力を持ったファンド情報をお届けしています。なお、資産規模が大きいクラブほど、取り扱い銘柄数も多くなっております。

また、ファンドだけでなく金融機関選びも極めて重要です。単に有事にも耐え得る高い信頼性というだけでなく、各種手数料の優遇や有利な金利が設定されている、日本に居ながらにして海外の市場と取引ができるなど、金融機関も様々な特長を持っています。こうした中から、各クラブでは資産規模に適した、魅力的な条件を持つ国内外の金融機関に関する情報を提供し、またその活用方法についてもアドバイスしています。

その他、国内外の金融ルールや国内税制などに関する情報など資産防衛に有用な様々な情報を発信、会員様の資産に関するご相談にもお応えしております。浅井隆が長年研究・実践してきた国家破産対策のノウハウを、ぜひあなたの大切な資産防衛にお役立て下さい。

詳しいお問い合わせは「㈱日本インベストメント・リサーチ」まで。

TEL：〇三（三二九一）七二九一　FAX：〇三（三二九一）七二九二
Eメール：info@nihoninvest.co.jp

〈参考文献〉

【新聞・通信社】
『日本経済新聞』『朝日新聞』『産経新聞』『日経ヴェリタス』『ＡＦＰ』
『時事通信社』『ロイター』

【書籍】
『現代中米・カリブを読む』（小池康弘・山川出版社）
『アルゼンチンを知るための54章』（アルベルト松本・明石書店）
『地政学で読む世界覇権2030』（ピーター・ゼイハン・東洋経済新報社）

【拙著】
『国家破産で起こる36の出来事』（第二海援隊）
『2020年世界大恐慌』（第二海援隊）
『あなたの老後、もうありません！』（第二海援隊）
『あと２年で国債暴落、１ドル＝250円に‼』（第二海援隊）
『有事資産防衛 金か？　ダイヤか？』（第二海援隊）
『この国は95％の確率で破綻する！』（第二海援隊）
『恐慌と国家破産を大チャンスに変える！』（第二海援隊）

【論文・レポート】
『カントリーレポート：アルゼンチン』（泉原明・農林水産政策研究所）
『経済の発展・衰退・再生に関する研究会報告書』（財務総合政策研究所）
『そして預金は切り捨てられた戦後日本の債務調整の悲惨な現実』
（河村小百合・ダイヤモンド・オンライン特別レポート）

【その他】
『ロイヤル資産クラブレポート』『経済トレンドレポート』

【ホームページ】
フリー百科事典『ウィキペディア』
『ウォール・ストリート・ジャーナル電子版』『フォーブス』『ニューズウイーク』
『ニューヨークタイムズ』『ＣＮＮ』『IMF』『ＯＥＣＤ』『財務省』『外務省』
『ベネズエラ・ボリバル共和国大使館』『一般財団法人国際貿易投資研究所』
『ダイヤモンドオンライン』『文春オンライン』『シノドス』『JETRO』
『トヨタ』『みんなのお金ドットコム』『180合同会社』『社会実情データ図録』
『Macrotrends』『Global News View』『ヘンリー・アンド・パートナーズ』
『ベネズエラで起きていること』『鈴木順のアーカイブ・サイト』『歴ログ』
『世界史の窓』『コトバンク』

〈著者略歴〉
浅井　隆　（あさい　たかし）

経済ジャーナリスト。1954年東京都生まれ。学生時代から経済・社会問題に強い関心を持ち、早稲田大学政治経済学部在学中に環境問題研究会などを主宰。一方で学習塾の経営を手がけ学生ビジネスとして成功を収めるが、思うところあり、一転、海外放浪の旅に出る。帰国後、同校を中退し毎日新聞社に入社。写真記者として世界を股に掛ける過酷な勤務をこなす傍ら、経済の猛勉強に励みつつ独自の取材、執筆活動を展開する。現代日本の問題点、矛盾点に鋭いメスを入れる斬新な切り口は多数の月刊誌などで高い評価を受け、特に1990年東京株式市場暴落のナゾに迫る取材では一大センセーションを巻き起こす。
その後、バブル崩壊後の超円高や平成不況の長期化、金融機関の破綻など数々の経済予測を的中させてベストセラーを多発し、1994年に独立。1996年、従来にないまったく新しい形態の21世紀型情報商社「第二海援隊」を設立し、以後約20年、その経営に携わる一方、精力的に執筆・講演活動を続ける。2005年7月、日本を改革・再生するための日本初の会社である「再生日本21」を立ち上げた。主な著書：『大不況サバイバル読本』『日本発、世界大恐慌！』（徳間書店）『95年の衝撃』（総合法令出版）『勝ち組の経済学』（小学館文庫）『次にくる波』（PHP研究所）『Human Destiny』（『9・11と金融危機はなぜ起きたか!?〈上〉〈下〉』英訳）『あと2年で国債暴落、1ドル＝250円に!!』『いよいよ政府があなたの財産を奪いにやってくる!?』『世界恐慌前夜』『あなたの老後、もうありません！』『日銀が破綻する日』『ドルの最後の買い場だ！』『預金封鎖、財産税、そして10倍のインフレ!!〈上〉〈下〉』『トランプバブルの正しい儲け方、うまい逃げ方』『世界沈没――地球最後の日』『2018年10月までに株と不動産を全て売りなさい！』『世界中の大富豪はなぜNZに殺到するのか!?〈上〉〈下〉』『円が紙キレになる前に金を買え！』『元号が変わると恐慌と戦争がやってくる!?』『有事資産防衛　金か？　ダイヤか？』『第2のバフェットかソロスになろう!!』『浅井隆の大予言〈上〉〈下〉』『2020年世界大恐慌』『北朝鮮投資大もうけマニュアル』『この国は95%の確率で破綻する!!』『徴兵・核武装論〈上〉〈下〉』『100万円を6ヵ月で2億円にする方法！』『最後のバブルそして金融崩壊』『恐慌と国家破産を大チャンスに変える！』（第二海援隊）など多数。

国家破産ベネズエラ突撃取材――1000万%のハイパーインフレ

2019年4月25日　初刷発行

著　者　浅井　隆
発行者　浅井　隆
発行所　株式会社　第二海援隊
〒101-0062
東京都千代田区神田駿河台2-5-1　住友不動産御茶ノ水ファーストビル8F
電話番号　03-3291-1821　　FAX番号　03-3291-1820

印刷・製本／中央精版印刷株式会社

ISBN978-4-86335-196-7

第二海援隊発足にあたって

日本は今、重大な転換期にさしかかっています。にもかかわらず、私たちはこの極東の島国の上で独りよがりのパラダイムにどっぷり浸かって、まだ太平の世を謳歌しています。

しかし、世界はもう動き始めています。その意味で、現在の日本はあまりにも「幕末」に似ているのです。ただ、今の日本人には幕末の日本人と比べて、決定的に欠けているものがあります。それこそ、志と理念です。現在の日本は世界一の債権大国（＝金持ち国家）に登り詰めはしましたが、人間の志と資質という点では、貧弱な国家になりはててしまいました。それこそが、最大の危機といえるかもしれません。

そこで私は「二十一世紀の海援隊」の必要性を是非提唱したいのです。今日本に必要なのは、技術でも資本でもありません。志をもって大変革を遂げることのできる人物と、それを支える情報です。まさに、情報こそ〝力〟なのです。そこで私は本物の情報を発信するための「総合情報商社」および「出版社」こそ、今の日本にもっとも必要と気付き、自らそれを興そうと決心したのです。

しかし、私一人の力では微力です。是非皆様の力をお貸しいただき、二十一世紀の日本のために少しでも前進できますようご支援、ご協力をお願い申し上げる次第です。

浅井　隆